MI VIDA CON GOEBBELS

BRUNHILDE POMSEL
THORE D. HANSEN

MI VIDA CON GOEBBELS

La historia de la secretaria de Goebbels:
lecciones para el presente

Traducción de
Alejandro Gibert Abós
y Franziska Dinkelacker

lince

© Europa Verlag GmbH & Co. KG, Berlín, Múnich, 2017
© Traducción: Alejandro Gibert Abós y Franziska Dinkelacker
© Los libros del lince, S. L.
Gran Via de les Corts Catalanes, 657, entresuelo
08010 Barcelona
www.linceediciones.com

Título originial: *Ein deutsches Leben*

ISBN: 978-84-947400-6-0
Depósito legal: B-26.322-2017
Primera edición: marzo de 2018

Impresión: Cayfosa
Maquetación: gama, sl
Imagen de cubierta: © Blackbox Film & Media Production GmbH

ÍNDICE

NOTA DEL AUTOR

La sección autobiográfica de este libro se basa en las conversaciones mantenidas con Brunhilde Pomsel a lo largo de 2013 y 2014, que fueron filmadas para un documental de Blackbox Films.

PREFACIO

Brunhilde Pomsel estuvo más cerca que la inmensa mayoría de sus coetáneos de uno de los criminales más grandes de la historia. Trabajó como taquígrafa y secretaria en el Ministerio de Propaganda alemán bajo la dirección de Joseph Goebbels. Poco después de que Adolf Hitler llegara al poder se afilió al Partido Nazi para asegurarse un puesto en la Reichsrundfunk, la radio oficial del Reich. En 1942 la trasladaron al Ministerio del Reich para la Ilustración Pública y Propaganda y allí permaneció, en la antesala del despacho del ministro, rodeada por la cúpula gubernamental del nacionalsocialismo, hasta la capitulación de Berlín en mayo de 1945. No abandonó su puesto ni siquiera en los últimos días de la guerra, cuando Hitler vivía en el búnker, mientras las tropas soviéticas avanzaban ya por las calles de Berlín, e incluso se ofreció para tejer la bandera de la capitulación oficial en lugar de aprovechar la ocasión para huir. Durante los siguientes setenta años guardó silencio.

En la película *Ein deutsches Leben* [Una vida alemana], los realizadores Christian Krönes, Olaf S. Müller, Roland Schrotthofer y Florian Weigensamer sentaron a

Brunhilde Pomsel ante una cámara y le pidieron que les contara su vida. El resultado fue un documental en blanco y negro de impactante fotografía que presenta el relato de una vida tan extraña como fascinante. Este libro se basa en aquellos recuerdos filmados en 2013 que el autor de este texto ha reordenado cronológicamente y corregido con esmero allí donde el lenguaje oral y la gramática lo requerían.

El relato de Brunhilde Pomsel comienza en Berlín, donde nació en 1911. Nos habla del estallido de la Primera Guerra Mundial y de su padre, un hombre parco en palabras que regresó ileso del frente ruso en 1918; nos habla de su infancia y de la estricta educación que recibió como la mayor y única chica de cinco hermanos, lo que la marcaría para toda la vida. Su padre era, al parecer, un hombre muy taciturno, y en su casa no se hablaba nunca de política. Brunhilde creció en uno de los barrios pudientes de Berlín. La familia se las arreglaba relativamente bien teniendo en cuenta que en la capital alemana, como en el resto del país, el grueso de la población malvivía en medio de una recesión económica atroz. Los disturbios se extendían por todo el territorio, los grupos armados comunistas y nacionalsocialistas se habían adueñado de las calles y los choques entre ambas facciones eran cada vez más violentos. Pero en el barrio residencial de Südende el conflicto apenas se percibía.

Desde la perspectiva actual, Brunhilde Pomsel piensa que su indiferencia hacia el movimiento nacionalsocialista fue decisiva para su carrera. A finales de 1932, Heinz, un amor pasajero de juventud, le presentó a un antiguo oficial de la Primera Guerra Mundial. Aquel encuentro sería determinante para la joven. El oficial no era otro que Wulf

Bley, futuro reportero radiofónico y militante nazi de primera hora, que la adoptó como su protegida. Fue precisamente Bley quien, tras la victoria del Partido Nacionalsocialista en marzo de 1933, retransmitió con gran pompa por la radio la procesión de antorchas liderada por la cúpula de la organización. Poco después de que Hitler tomara el poder, aquel escritor frustrado que era Bley le consiguió un trabajo en el Teatro Alemán, donde las obras de su mentor fracasaron estrepitosamente. Al final, su carné del Partido le procuró a Bley otro puesto oficial y entonces le pidió a Pomsel que se afiliara al Partido para poder contratarla como secretaria en la Reichsrundfunk. Para entonces la radio del Reich se había sometido ya a la purga de los nazis, que habían despedido e inhabilitado a todos sus directivos judíos.

Bley no duró mucho en su puesto, pero para Brunhilde Pomsel el encuentro fortuito con aquel hombre marcó el inicio de un ascenso que la llevaría hasta el mismísimo corazón del poder y daría lugar a una vida extraordinaria que solo se animaría a contar siendo ya una anciana centenaria.

Aunque muchas experiencias de los últimos setenta años le bailen en la memoria, Pomsel guarda todavía un recuerdo sumamente vívido de los sucesos y momentos decisivos de su juventud. Estos fragmentos de una existencia turbulenta, así como la forma en que trata de explicar sus experiencias en la radio y el Ministerio de Propaganda nazis, no están exentos de contradicciones. Una y otra vez su historia llega a un punto ciego en que nos oculta algo y que acaba admitiendo más adelante. Y es en este juego de ocultaciones y revelaciones donde radica el singular atractivo de su relato.

La historia de Brunhilde Pomsel no sirve para extraer nuevas conclusiones históricas, pero nos brinda el punto de vista veraz de una simpatizante nazi de la época y es, por ende e inevitablemente, una advertencia para la sociedad actual. No cabe duda de que hoy, como entonces, nos encontramos en una encrucijada de difícil solución. La proliferación de tendencias antidemocráticas y el populismo de derechas suponen una grave amenaza para la cohesión social y el sistema democrático, y es una amenaza que está enraizada en el corazón mismo de la sociedad.

Desde el año 2015 menudean los estudios político-sociológicos que tratan de explicar cómo es posible que en Europa y Estados Unidos vuelva a ser admisible la defensa de idearios xenófobos y ultraderechistas, la discriminación de ciertos colectivos a los que se usa como chivos expiatorios y la anuencia con los ataques perpetrados contra minorías como los refugiados de guerra. Con la elección de Donald Trump como presidente de Estados Unidos se ha instalado en la cima del mundo un personaje que da alas a los populistas europeos: con sus ridículas consignas y sus simplistas recetas para un mundo cada vez más interrelacionado, Trump logró movilizar a millones de votantes en unas elecciones en las que la abstención superó el 40 por ciento.

En muchos países occidentales vuelven a reclamarse «liderazgos fuertes», una vieja apelación de infausto recuerdo que no ha levantado demasiadas protestas. ¿De veras es posible que el populismo y el fascismo vuelvan a servirse de esa masa silenciosa de partidarios y simpatizantes para demoler la democracia?

A Brunhilde Pomsel no le interesaba la política. Para ella, lo primero era el trabajo, su propia seguridad económica, el sentido del deber hacia sus superiores y el deseo de formar parte de la élite. Su testimonio nos brinda un relato vívido e íntimo de esta evolución. Pero, en lo que atañe a los horribles crímenes del nacionalsocialismo, Pomsel se exime de toda culpa y niega cualquier implicación personal.

Pocas fueron las voces críticas o acusatorias que se dejaron oír tras el estreno del documental *Una vida alemana* en Israel y San Francisco. «Descubrámonos ante quien pueda afirmar con absoluta seguridad que no tuvo arte ni parte», escribía una corresponsal del *Frankfurter Rundschau*.

Porque, más que incitar a la condena de Brunhilde Pomsel, la película suscitó entre la mayor parte del público ciertas preguntas sobre los tiempos en que vivimos. ¿No estaremos asistiendo a una reedición de los oscuros años treinta? ¿Hasta qué punto se puede achacar el fortalecimiento de la nueva derecha a nuestros miedos, nuestra ignorancia y nuestra pasividad? Hace apenas unos decenios dábamos por hecho que el fascismo era un espectro del pasado, pero no es el caso, y el relato de Brunhilde Pomsel puede servir para quitarnos la venda de los ojos. En el documental, las descripciones —asombrosamente claras y serenas— que hace ella de su apacible vida cotidiana durante la guerra, de su ascenso laboral como «chica apolítica» y su distanciamiento emocional de la realidad son contrarias a las diversas citas de Goebbels: imágenes de montañas de cadáveres y espectros esqueléticos de judíos recién liberados de los campos de concentración, así como artículos de propaganda y otros documentos gráficos que muestran la verdadera cara del Tercer Reich en franco contraste con los recuerdos de Pomsel.

De sus vínculos con la realidad actual y las comparaciones inevitables que suscitaba la película surgió la idea de escribir este libro, que se propone hacer frente a este asunto y contrastar las experiencias de Pomsel con la evolución más reciente de la escena política. ¿Exageran quienes afirman que la historia va camino de repetirse? ¿O acaso tienen razón y la nueva ola de fascismo y autoritarismo que barre Occidente es ya imparable? La historia de Brunhilde Pomsel puede servir para advertirnos del peligro y también para recordarnos que actuar exclusivamente en nuestro propio beneficio puede cerrar nuestros ojos a las más graves injusticias sociales y políticas.

Para acercar la biografía de Brunhilde Pomsel al presente hay que preguntarse además hasta qué punto cabe responsabilizar a nuestras élites políticas de la propagación de nuevas tendencias radicales y estudiar en qué medida es posible trazar un paralelismo entre el presente y los años treinta del siglo pasado.

Los grandes desafíos de nuestro tiempo —la digitalización, las crisis financieras, los refugiados, el cambio climático, el marco social de un mundo interconectado y el consecuente miedo a la recesión y la infiltración extranjera— han llevado a ciertos segmentos de la población a replegarse en su esfera privada o a radicalizarse. A primera vista se diría que el mundo donde vivía Brunhilde Pomsel hace setenta años era completamente distinto del nuestro. En su relato va desgranando las sucesivas decisiones que trazaron su destino. Son decisiones que podrían parecer lógicas, sensatas, comprensibles, de modo que, a cierta altura del relato, cada uno de nosotros no puede evitar preguntarse si no habría acabado también en la antesala del despacho de Joseph Goebbels, como quien dice, sin comerlo ni beberlo. ¿Qué porción de Brunhilde Pomsel se oculta en todos nosotros? O, como preguntaba provocativamente un periodista tras el estreno del documental, «¿quién no lleva dentro una pizca de Brunhilde Pomsel?».

Los millones de ciudadanos que, como Pomsel, no dejan de pensar en su carrera y en su propio bienestar, anteponiéndolos a las desigualdades sociales y la discriminación que los rodean, son el mejor caldo de cultivo para el autoritarismo y la manipulación política. Y son, por ende, más peligrosos que los radicales que constituyen el núcleo de votantes de la extrema derecha. Brunhilde Pomsel, no lo olvidemos, tuvo que ver cómo su país terminaba llevando al abismo a todo un continente.

Antes de que la historia se repita, el estudio de los paralelismos entre aquel pasado y este presente nos brinda la oportunidad de calibrar nuestra brújula moral y decidir si, en efecto, ha llegado el momento de rebelarnos y plantar cara a la radicalización. ¿Con qué frivolidad estamos dispuestos a manipular los instrumentos de medición moral que todos llevamos dentro? ¿A qué éxitos aparentes y a qué fines primitivos, banales, superficiales y cortoplacistas sacrificamos a diario esa medida moral interna? Son preguntas que la historia de Brunhilde Pomsel no alcanza a responder de forma válida y general. Las respuestas dependerán siempre de la disposición reflexiva de cada cual.

El populismo es un valor al alza en muchos países europeos y también en Estados Unidos, la mayor potencia del mundo. Los gobiernos de países centroeuropeos como Polonia o Hungría ya han comenzado a dinamitar sus sistemas democráticos desde dentro. Y otro tanto ha sucedido en Turquía, donde las viejas nociones de Estado de Derecho o libertad de opinión han perdido toda validez y se suceden las purgas y las detenciones masivas de decenas de miles de presuntos críticos del sistema, señales paradigmáticas e insoslayables del nacimiento de una dictadura.

Tampoco podemos olvidar el triste espectáculo de Donald Trump, que ha llevado a cabo la campaña electoral más sucia de la historia estadounidense. Una campaña basada en mentiras y en consignas racistas, repleta de ataques a minorías e insultos a los inmigrantes y al *establishment*, y que terminó aupando al magnate inmobiliario a la presidencia de Estados Unidos.

La suya, y también otras voces estridentes europeas al alza, presagian una nueva era de autoritarismo que amenaza la libertad y la democracia desde su misma raíz. Con este telón de fondo, la historia de Brunhilde Pomsel puede servir de matriz emocional para plantear al lector una cuestión inaplazable como es la de su responsabilidad cívica en los procesos políticos, advertirle sobre los peligros que supone desentenderse del mundo y, en última instancia, determinar la postura que queremos adoptar como sociedad y como individuos.

Brunhilde Pomsel nos relata aquí su infancia, sus comienzos en el despacho de un abogado judío, su afiliación al Partido Nazi, su trabajo en la radio, su traslado al Ministerio de Propaganda, donde permaneció hasta el final de la guerra, su posterior reclusión en un campo de concentración especial soviético y su puesta en libertad. A través de su biografía entrevemos también a su amiga judía Eva Löwenthal, que sobrevivió en Berlín como pudo, escribiendo folletines, hasta que en 1943 fue deportada a Auschwitz, donde fue asesinada.

El escaso interés por la política de gran parte de la sociedad alemana de entonces, aparejado a la progresiva pérdida de empatía y solidaridad, afloran en esta historia como una de las principales causas del ascenso del nazismo al poder. Y aunque el relato de Brunhilde Pomsel no esté exento de contradicciones, su historia nos brinda una perspectiva íntima y privilegiada ante la que cada cual llegará, inevitablemente, a discernir su propia postura. Como decía el escritor polaco Andrzej Stasiuk, «cuanto más miedo tengamos los votantes, más cobardes serán los dirigentes que elijamos, y esos gestores de nuestros miedos sacrificarán lo que haga falta por mantenerse en el poder: nuestro pueblo, nuestra tierra y el continente europeo entero».

¿Nos limitaremos a buscar refugio acobardados o les plantaremos cara?

«LA POLÍTICA NO NOS INTERESABA»: UNA JUVENTUD BERLINESA EN LOS AÑOS TREINTA

Los recuerdos de Brunhilde Pomsel comienzan de forma algo imprecisa con el estallido de la Primera Guerra Mundial, en agosto de 1914, cuando ella tenía tres años. Su madre recibió entonces un telegrama inesperado: su marido debía partir al frente con uno de los primeros contingentes de reclutas. La familia tuvo que ir precipitadamente en coche de caballos a la estación de Potsdam para despedir al padre, que al cabo de cuatro años de guerra, en noviembre de 1918, volvió a casa sano y salvo.

Mis recuerdos son muy importantes para mí. Me persiguen. No me dejan tranquila. Es verdad que hay nombres y hechos que se me han olvidado y que ni siquiera podría describir con palabras, pero el resto está ahí, fijado, como en un almanaque o una enciclopedia ilustrada. Me acuerdo de cuando era pequeña como si fuera ayer. Y sé también que a lo largo de mi vida he hecho feliz a mucha gente con mi sola presencia. Me gusta pensar en ello...

Cuando mi padre volvió de la guerra, recuerdo que le preguntamos a mi madre: «Mamá, ¿qué hace en casa este extraño?». Vinieron luego años muy duros, años de hambruna. Hacia el final de la Primera Guerra Mundial se implantaron en Alemania los comedores populares. Aunque mi madre siempre nos cocinaba en casa, un buen día dijo «habrá que probarlo», y nos llevó a almorzar a uno de aquellos. «Nunca más», nos dijo al salir.

Recuerdo que a la vuelta estuve incordiándola para que me dejara «clavarle un clavo a Hindenburg».[1] En la Königsplatz había una gran estatua de madera inacabada que representaba al mariscal de campo Hindenburg, y por cinco peniques (un *sechser* o «moneda de seis», como llamaban los berlineses a la de cinco) le dejaban a uno un martillo y un clavo para que se lo clavara en el lugar indicado. Era... era poco menos que un deber cívico. Y un dinero que mi madre consideraba amortizado si así me daba una alegría.

Mi padre tuvo suerte. Lo destinaron al frente ruso y pasó allí toda la guerra, de principio a fin, pero volvió a casa de una pieza. La guerra, sin embargo, le dejó huellas de otro tipo: se convirtió en una persona aún más reservada. A lo mejor por eso en casa no se hablaba nunca de política. Hasta que llegaron los nazis. Entonces sí que se habló, claro, aunque no le dimos demasiada importancia.

---

1. En los tiempos del káiser, durante la Primera Guerra Mundial, se instalaron en las calles y plazas públicas unas estatuas, que solían ser de madera, para que la gente pudiera clavetearlas a cambio de una donación destinada a los lisiados de guerra y los familiares de los caídos. El «Hindenburg» del parque berlinés de Tiergarten, erigido en 1915, era la estatua claveteada más grande del país.

En aquellos tiempos, una familia numerosa no lo tenía nada fácil. Y mis padres tenían cinco hijos. Yo era la única chica. Habrían querido alguna niña más, pero siempre les nacían varones. Por aquel entonces no había manera de controlar estas cosas, era algo que se dejaba en manos del azar. Siendo la primera y única hermana, andaba siempre al retortero. Y tenía que responsabilizarme de lo que hacían mis hermanitos. «¡Deberías haber estado vigilándolos!», me decían luego. Hoy, cuando me paro a pensar en ello, creo que a los niños de entonces no se los educaba muy bien. Se los traía al mundo, sí, se cuidaba de ellos y se les daba comida y algún juguete que otro, una pelota o una muñeca, pero de ahí no pasaba. A nosotros nos dieron una educación muy estricta. Teníamos que pedirlo todo por favor. Y nos caía algún bofetón de vez en cuando. En casa había un barullo continuo. Éramos una familia alemana normal y corriente.

De pequeña, al ser la mayor de cinco, tenía ciertas desventajas. Y cuando crecí y comencé a exteriorizar mis ilusiones y mis sueños, me topé con un muro cargado de sorna. «Claro, cariño —me decían en casa—. ¡Lo que no se te haya ocurrido a ti!» Nunca me tomaron muy en serio.

En casa llevábamos una vida muy modesta, pero nunca nos faltó el sustento. No recuerdo haber pasado hambre un solo día de mi infancia, como sin duda le ocurría a la multitud de parados e indigentes que inundaba el país.

En casa mi padre era el amo y señor. A mi madre le pedíamos muchas cosas, pero no se dejaba engatusar. «¡Pídeselo a tu padre!», nos decía siempre. Más adelante mi padre llegó a ser un buen compañero, pero cuando yo era pequeña había que obedecerlo. Aprendimos lo que estaba permitido y lo que no, y también que la desobediencia suponía castigos. Y eran terribles. A veces compraban manzanas que guardaban como oro en paño en un frutero, encima de la cómoda. ¿Y si un día faltaba una? Entonces comenzaba el interrogatorio: «¿Quién ha sido? ¿Quién ha robado la manzana? ¿Nadie? ¿Has sido tú? ¿Tú?». Nos interrogaban a todos por separado, a todos menos a mí. «Bueno, si no ha sido nadie, no habrá más manzanas.» Así, hasta que alguno de nosotros se chivaba. «Antes he visto a Gerhard jugando al lado del frutero.» Siempre nos forzaban a acusarnos mutuamente.

Mi madre tenía la costumbre de guardar la calderilla en un tazón que había en el armario de la cocina. Era muy tentador alargar la mano y sisarle diez o veinte peniques. Uno de mis hermanos lo hizo una vez y luego apareció en casa con una piruleta gigante y delatora. ¡Hay que ver lo tontos que pueden llegar a ser los niños! Aquellas travesuras se castigaban de forma ejemplar. A veces nos zurraban a todos con el sacudidor. ¡Y dolía una barbaridad! Pero así era como se restablecía la paz familiar: mi padre estaba satisfecho de haber cumplido con su deber y a los niños no nos parecía tan horrible como para no volver a hacerlo.

La obediencia era el centro de nuestra vida; con amor y comprensión no se conseguía nada. Obedecer y hacer trampa, mentir y echarle la culpa a otro, de eso se trataba. Y así iban despertándose en los niños cualidades que en un principio no tenían.

En cualquier caso, no siempre reinaba el amor entre los niños que vivíamos apretujados en aquella casa. Todos recibíamos nuestro merecido. Yo, al ser niña, puede que no tanto. Pero a mí me decían: «Tú que eres la mayor tendrías que haberlo sabido». Nunca dejaban de afearme mi falta de autoridad. Yo siempre era la responsable de lo que hacían mis hermanos.

Cuando tenía diez u once años recuerdo que hubo elecciones, y les preguntamos a mis padres qué habían votado, pero ellos no soltaron prenda: el voto era secreto. En casa no se hablaba de política, no nos interesaba en absoluto. Mi padre, que era de carácter muy reservado por naturaleza, ni siquiera nos hablaba de su juventud. Lo único que sabíamos es que él también había nacido en una familia numerosa. Mucho más tarde, después de su muerte, supe que su padre se había suicidado y que él había crecido en un orfanato de Dresde con sus hermanos. Me enteré por pura casualidad hará cuarenta años. Mi madre aún vivía y le pregunté si lo sabía. Me dijo que sí. Cuando le pregunté por qué no nos había dicho nada, me contestó: «Tu padre no quería que os lo contara». Mi padre no quería, así que ella lo obedeció.

Mi abuelo había sido jardinero de la corte real de Sajonia; poseía incluso un título que lo corroboraba. Había cultivado una nueva variedad de fresa y lo recompensaron con un diploma y una propiedad estatal. El caso es que le dio por especular en la bolsa de flores de Ámsterdam y acabó perdiendo la propiedad, una casa con jardín muy bonita. Luego se tiró de un puente al paso de un tren, en Dresde, y dejó en la estacada a su mujer y a todos sus hijos. Mi abuela falleció poco después. Aquella tragedia familiar avergonzaba mucho a mi padre y no quería que la conociéramos. Yo me enteré por una prima mía al cabo de muchísimos años.

Recuerdo que en casa siempre decían que no teníamos dinero. Mi padre era decorador y tenía trabajo, lo que no dejaba de ser un lujo en aquellos tiempos. Así que siempre nos apañamos. A diferencia de tantos otros alemanes, tras la derrota en la Primera Guerra Mundial apenas pasamos hambre. Siempre había algo con que llenar el estómago. La comida era sencilla y frugal; eso sí, casi siempre verdura. Mi madre hacía unas menestras para chuparse los dedos, aún las echo de menos. Daba lo mismo si eran de col rizada, de repollo con comino o de judías verdes con tomate. El tomate era un verdadero lujo, pero también estaban ricas sin él. Y aun nos alcanzaba para un ganso en Navidad, eso era sagrado. Como también lo era la cerveza de papá. Y al llegar la Pascua a mamá le caía algún vestido nuevo.

Cuando yo tenía catorce años, a mis amigas les dejaban comprarse algún que otro conjunto o un abrigo. A mí no me lo consentían. Tenía que conformarme con prendas de segunda mano arregladas a medida. Mis padres sabían que no nos sobraba el dinero y que si alguno de sus hijos quería algo, los demás iban a exigir el mismo trato. Era una situación a la que nos habíamos acostumbrado.

La falta de dinero era un tema de conversación habitual, aunque nunca dejamos de pagar el alquiler. Y al acabar mis estudios de primaria, cuando la maestra les dijo a mis padres «la niña debería seguir estudiando, es muy lista», tampoco hubo problema. A mi madre le costó mucho convencer a mi padre para que me pagara la secundaria, que creo que costaba cinco marcos al mes, pero acabaron

por matricularme en el instituto y allí me quedé un año
hasta que me saqué el diploma. Con eso podía uno plantarse. Para sacarse el bachillerato había que ir al liceo.²
Pero eso a mis padres ni se les pasó por la cabeza. ¿Para
qué? ¿Para mandarme luego a la universidad? ¿Quién iba
a la universidad hace noventa años? Unos pocos elegidos.
Y nosotros no pertenecíamos a esa élite, desde luego que no.
   Cuando iba al colegio quería ser cantante de ópera o
maestra. Los estudios se me daban tan bien que una señora rica le dijo un día a mi madre: «Señora Pomsel, ¿le importaría que su hija viniera a casa a hacer los deberes con
mi hija Ilse? Yo de eso no entiendo, y mi niña no avanza,
necesita un empujón».
   Ilse era amiga mía y yo estaba encantada de ayudarla a
hacer los deberes. No es que la dejara copiar, la ayudaba
de verdad y le explicaba las cosas. Mejoró muchísimo
porque yo tenía con ella mucha paciencia y me gustaba ir
a su casa. Su familia era muy rica: en cuanto llegaba, me
servían un té o un café y algún dulce para acompañar. La
madre era italiana y había sido cantante de ópera. Tenían
un piano maravilloso y ella siempre nos cantaba algo, alguna aria famosa, y nosotras nos sentábamos fascinadas a
escucharla. Guardo muy buen recuerdo de aquellas tardes. A mí me era mucho más fácil estudiar en casa de Ilse,
además, porque en la mía había siempre mucho jaleo y no
podía hacer los deberes en paz. Fue entonces cuando empecé a soñar con ser cantante de ópera. Supongo que al
final no di la talla.

   2. El liceo era una institución de enseñanza secundaria parecida
al actual *Gymnasium,* o instituto de bachillerato, con la diferencia de
que era solo para mujeres.

Al acabar la secundaria también cabía la posibilidad de ir a una escuela del hogar, pero ahí fue cuando mi padre se plantó: «Hasta aquí hemos llegado, eso no lo pienso pagar. A cuidar del hogar se aprende en casa, no en la escuela. Qué tanto estudio ni qué leches». Así que tras el primer curso de secundaria se acabó la escuela.

Al principio me quedé en casa ayudando a mi madre, pero eso no tenía mucho futuro. Qué horror. La cocina me daba repelús, y para mi madre era casi un alivio mandarme a quitar el polvo por la casa, porque en la cocina yo no daba ni una, era un verdadero desastre. Ella insistía en que aprendiera algún oficio, aunque a mí lo que me apetecía era trabajar en una oficina. Me daba igual en cuál, con tal que fuera una oficina.

Cuando veía a las chicas que tenían trabajos de oficina, a aquellas secretarias, oficinistas o comerciales de compañías de seguros, me parecían lo más atractivo del mundo: quería ser como ellas.

Así que me puse a buscar ofertas de empleo en el *Berliner Morgenpost*, que ya existía en aquel entonces. «Se busca señorita trabajadora para prácticas de dos años», decía un anuncio. El despacho estaba en Hausvogteiplatz, un barrio muy elegante donde vivía la clase alta. Podía presentarme hasta la una de la tarde, así que cogí un tranvía y me fui a Kurt Gläsinger y Cía, en la Mohrenstrasse. Era una casa preciosa, muy elegante, con alfombras rojas y ascensor. Pero yo subí por las escaleras, que estaban alfombradas de lujo. Entré en un despacho muy bonito y espacioso donde me esperaba el señor Bernblum, un procurador judío. Era un hombre muy severo, todo un personaje. Había tres o cuatro chicas más y una de nosotras iba a llevarse la vacante. El señor Bernblum me apretó las clavijas. Me hizo varias preguntas y luego me dijo: «Muy bien, aquí está su contrato de prácticas. Necesito que lo firme uno de sus padres, porque usted es aún menor de edad. ¿Podría volver con su padre o con su madre?». Volví a casa emocionada y se lo conté a mi familia. ¡Menudo sermón que me soltó mi padre! «¡La muy sinvergüenza se va a buscar trabajo sin preguntarnos siquiera! ¿Y quién te ha dado el dinero para el billete?» Al final mi madre se avino a acompañarme y firmó un contrato de dos años por la friolera de veinticinco marcos al mes.

En Kurt Gläsinger y Cía estuve haciendo toda clase de recados y tareas de administración, y por las noches iba a la Escuela Superior de Comercio, donde me matriculé en un curso básico de contabilidad. Lo único que allí no me sirvió fueron mis conocimientos de taquigrafía, que más tarde, en cambio, me abrirían las puertas de la radio y el Ministerio de Propaganda. Pero dominaba la taquigrafía antes de comenzar las prácticas. Siempre acababa la primera en la escuela y era porque estaba locamente enamorada de mi profesor. Aunque él no me hacía ni caso.

Estuve trabajando dos años en el despacho de Bernblum. Lo mejor era el camino al trabajo. Tomaba el tranvía en el barrio de Südende hasta Potsdamer Ringbahnhof y desde allí iba caminando hasta la Leipziger Platz. Era un paseo de media hora. Y si en vez de tomar la Mohrenstrasse enfilaba hacia la Leipziger Strasse, podía ver unas tiendas preciosas. Eran boutiques de categoría, con sus escaparates inaccesibles, llenos de cosas que imaginaba que nunca podría permitirme. Aun así, me encantaba ver todos aquellos vestidos y soñar despierta.

Y en la empresa, el trabajo también era bastante entretenido. Me lo aprendí todo de pe a pa y hacia el final de las prácticas hasta me dejaban atender el teléfono. En casa teníamos teléfono desde hacía algún tiempo, pero los niños lo teníamos prohibido. Además, ¿a quién íbamos a llamar? Ni siquiera sabíamos a quién. ¿Quién tenía teléfono en aquellos años? «Señorita Pomsel, hágame el favor de llamar a la empresa Schulz & Menge», me decía el señor Bernblum. Y yo buscaba el número bajo su supervisión, con manos temblorosas, hasta que lo encontraba. «Al habla la centralita de Südring», decían. «Póngame con la centralita de Nordring, por favor», les pedía. «¿Qué número?», me preguntaba otra operadora. Yo le decía el número y finalmente me ponían con la empresa. Y cuando descolgaban tenía que decir: «Póngame con el señor Fulano, de parte del señor Mengano, por favor». Para alguien que nunca había tenido contacto con un aparato como aquel, hacerlo tenía su dificultad, aunque ahora esto resulte difícil de imaginar. Hoy son los móviles los que me ponen negra.

Pero yo era muy aplicada, siempre lo fui. Es algo que llevo dentro. Ese no sé qué prusiano, cumplidor, puede que un poco sumiso. Nos venía de familia y había que aceptarlo, no había más remedio. Lo cierto es que en aquel tiempo las cosas solo funcionaban con cierta severidad. Todo había que pedirlo y los niños no tenían dinero a su disposición. No había paga, como ahora. Algo sí que nos daban de vez en cuando. Bueno, a mí me daban algo de dinero porque fregaba los platos de toda la familia. Y no era tan sencillo como hoy, que se abre un grifo y listo. Primero tenía que calentar unos hervidores pesadísimos. Y había dos pilas: en la primera la vajilla se lavaba con sosa, en la segunda se enjuagaba y luego había un sitio para dejarla secar. Era mucho trabajo y por ello recibía mi paga. Creo que era de dos marcos al mes. Por eso el cambio a las prácticas fue tan importante para mí.

Al terminar mi segundo año de prácticas, el señor Bernblum me ofreció renovar el contrato y subirme el sueldo a noventa marcos mensuales. Tuve que consultárselo a mis padres, porque aún no había cumplido los veintiuno. «¿Noventa? Ni hablar —dijo mi padre—, eso es una miseria. ¡Pídele cien!»

Al día siguiente le dije al señor Bernblum que mi padre insistía en que cobrara cien. «Pues lo lamento, pero en ese caso tendré que despedirla», me dijo. Y eso hizo. «Muy bien, nuestra hija ya se buscará otra cosa», replicó mi padre.

Por primera vez tuve que ir a la oficina de empleo, donde me registraron como parada y me dieron varias direcciones donde presentarme. Durante una temporada trabajé en una librería. Leer me encantaba, aunque aún no había leído mucho. Y me pagaban los cien marcos mensuales que exigía mi padre. Aquel fue el gélido invierno de 1929 y yo había cumplido dieciocho años. Era un trabajo espantoso. En aquella librería siempre hacía frío. Encendían la calefacción muy tarde y los demás empleados eran gente simplona y arisca. Me sentía muy desgraciada.

Pero entonces mi padre se encontró en la calle con un vecino, el doctor Goldberg, un judío que era corredor de seguros. Se preguntaron cómo estaban, cómo iba el negocio y qué hacían sus respectivos hijos. «Hilde se ha hecho mayor, ya está trabajando», le dijo mi padre. «¿Y a qué se dedica?» Cuando mi padre se lo explicó, el señor Goldberg le dijo: «¿Sabe qué? Mi secretaria se casará dentro de poco y dejará el despacho. ¿Por qué no le dice a su hija que pase a verme un día? Siempre ha sido una niña muy espabilada».

Al día siguiente fui a su casa para presentarme como una adulta. Lo había visto muy pocas veces y siempre lo saludaba con el respeto de rigor. Ni siquiera sabía si se acordaba de mí. «Bueno, vamos a probar —me dijo el doctor Goldberg—. Los seguros son todo un mundo y no va a conocerlo al dedillo en dos días, pero aprenderá muchas cosas.» Empecé a trabajar para él a mediados de 1929.

Fue una época apacible y hermosa. Durante los dos primeros años el doctor Goldberg celebró muchas fiestas en su casa. Vivía en un piso gigantesco dentro de una mansión e iba gente de muchísimo dinero. Recuerdo la fiesta del cincuenta cumpleaños de su mujer, que fue de temática medieval. Mi padre lo ayudó a construir los decorados. «Su hija podría venir y hacer de aprendiza de zapatero», le dijo a mi padre cuando acabaron de montarlo todo. Yo conocía a muchos de sus amigos de hablar con ellos por teléfono, así que cuando mi padre me preguntó si quería ir, acepté encantada y me disfracé de aprendiza de zapatero. Todos los invitados eran judíos. El doctor Goldberg tenía unas ideas geniales. La fiesta empezó por la tarde y duró toda la noche. Yo me quedé hasta el amanecer, vestida con mis pantalones cortos y mi chaquetita con pluma y con dos botas remendadas al hombro. Fue maravilloso.

Con el tiempo aprendí bastante sobre pólizas de seguro y vi que en aquel negocio había mucho embuste. Y mucho dinero, dinero a espuertas. Menos para mí, claro, que volvía a cobrar noventa marcos al mes. Era el sueldo habitual de las secretarias, aunque durante los cuatro años que trabajé para el doctor Goldberg fue subiéndome el sueldo, que llegó a ser de ciento veinte marcos mensuales en 1932.

Pero a finales de aquel año tuvo que reducirme el contrato a media jornada porque los negocios iban de capa caída. Si las cosas seguían así, no tendría más remedio que liquidar la empresa, vender su casa y marcharse de Alemania.

Me redujo la jornada a cinco horas, de ocho de la mañana a una de la tarde. Y con lo que me pagaba no podía ahorrar nada, estaba siempre en las últimas.

Por aquel entonces yo tenía un novio que se llamaba Heinz y estudiaba en Heidelberg. No estábamos muy enamorados, la verdad, pero fue el primer novio que tuve. Todas mis amigas tenían novio y yo era la única desparejada, así que me dieron un empujoncito. Fuimos juntos a un té con baile en el que él también estaba y allí nos liaron. Heinz no tenía dinero, su padre no le daba más que una miseria porque no aprobaba que se hubiese puesto a estudiar en vez de trabajar en la empresa familiar. Y yo también estaba a dos velas. De lo poco que ganaba tenía que entregar una parte en casa, aunque fueran cinco marcos, y para mis gastos no me sobraba casi nada. Cuando quedaba con Heinz solíamos ir a pasear, ni siquiera íbamos al cine porque él habría tenido que invitarme y no le llegaba. Yo tampoco podía invitarle, eso entonces no se llevaba. Cuando íbamos a tomar un café era él quien pagaba la cuenta, como mandaban los cánones. A mí ni se me habría ocurrido pagar. Si salías a comer o a tomar un café o a lo que fuera con un hombre, tenías que dejarte invitar. El trabajo y el sueldo de ese hombre eran lo de menos. ¡Qué absurdas eran las normas de entonces! Y las cumplía todo el mundo sin rechistar.

Un día —eso fue antes de 1933— Heinz sacó dos entradas para el Palacio de los Deportes de Berlín. Era un sitio fabuloso: había combates de boxeo, carreras de patinaje sobre hielo, de todo... El Palacio de los Deportes era famoso por sus espectáculos. Así que fui muy ilusionada, porque no sabía lo que me esperaba.

Lo que me esperaba era un montón de hombres malolientes sentados en una grada, aguardando a que pasara algo. Y Heinz y yo esperamos con ellos hasta que salió la banda y tocó una marcha rimbombante. Hasta ahí todo bien, pero luego subió al estrado un gordinflón vestido de uniforme que resultó ser Hermann Göring y nos soltó un discurso que a mí me dejó completamente fría. ¡Política! ¿Para qué? Además, la política no tenía por qué interesarle a una mujer. «A mí no me vuelven a ver el pelo en algo así —le dije a Heinz al salir—. ¡Qué tostón!» Y estoy segura de que me respondió: «Ya me lo suponía». Ni siquiera trató de explicarme que habían fundado un partido que se proponía librar a Alemania de los judíos ni nada parecido.

Antes de 1933, nadie les prestaba ninguna atención a los judíos, todo eso se lo sacaron de la manga los nazis. El nacionalsocialismo nos inculcó que eran otra clase de personas. Y luego eso desembocó en el programa de exterminio. Nosotros no teníamos nada en contra de los judíos. Al contrario. Mi padre estaba muy contento de tener clientes judíos. Casi todos tenían dinero y pagaban bien. De niños jugábamos con sus hijos. Había una niña, Hilde, que era muy maja. Y en la casa vecina había un niño judío de mi edad con quien también jugábamos de vez en cuando. Y luego estaba nuestra querida Rosa Lehmann Oppenheimer con su tienda de jabón, también me acuerdo de ella. Vamos, que ni se nos pasó por la cabeza que pudiera haber algún problema con los judíos. De pequeños, desde luego que no. Y cuando llegó el nacionalsocialismo tampoco lo vimos venir. Estábamos demasiado ocupados aplaudiendo a nuestro querido Führer. ¿Y por qué no? Hasta 1933 poquísima gente se había parado a pensar en los judíos. Lo primero era conseguir un trabajo y unos ingresos. En la guerra lo habíamos perdido todo y con el Tratado de Versalles nos habían tomado el pelo, como luego nos hicieron comprender. En general, no teníamos la menor idea de lo que nos esperaba con Hitler al timón.

Entretanto, Brunhilde Pomsel seguía llevando una vida despreocupada, sin sospechar siquiera que pronto ocuparía un puesto de trabajo en el mismísimo centro del poder de la dictadura nacionalsocialista, un empleo que le cambiaría la vida.

Heinz pensaba que yo era un poco boba para entender de política, un poco inmadura. Aunque entre nosotros esto tampoco era motivo de discusión. A mí me bastaba con tener un chico con quien quedar los domingos. Nos acercábamos en metro a alguna parte, tomábamos un café y nos íbamos a su casa. Era un lujo poder estar un rato a solas con él. Luego solía quedar con mi grupo de amigos. Los chicos de mi pandilla eran todos muy guapos y uno de ellos tenía una moto. Salir en moto a las afueras era una auténtica experiencia. Sin embargo, era todo muy inofensivo. Los chicos hablaban alguna vez de política entre ellos, pero a las chicas todo eso nos traía al fresco, desconectábamos en el acto. Uno de aquellos chicos era del Partido Comunista. Con lo guapo que era y va y nos sale comunista... Aun así, era un bombón y nos caía bien. Los demás debían de ser todos nazis o nacionalistas.

A veces me paro a pensar en ello y me pregunto por qué iba a reprocharme a mí misma que la política no me interesara. Porque es posible que aquello fuera para bien: quizá el idealismo de la juventud me hubiera arrastrado a un bando donde habría acabado mal. En aquel entonces yo era muy influenciable. Menos mal que mi círculo de amigos era diferente. No eran todos nazis convencidos, como tantos otros jóvenes. Eran hijos de padres adinerados y vivían en las nubes: ninguno tenía trabajo y estaban pendientes de matricularse en la universidad, si finalmente se decantaban por los estudios. Desde luego, sus padres se lo podían permitir, porque la mayoría de ellos eran importantes hombres de negocios. Tenían sus villas en el barrio de Südende y unos hijos de entre veinte y veintitrés años que ni siquiera se habían planteado ponerse a trabajar, al menos por el momento. Se dejaban llevar. Así eran mis amigos: chicos guapos, simpáticos, con los que era agradable pasar el rato. Y siempre había alguna excusa para celebrar algo, fiestas de todo tipo. Cada año los institutos celebraban la fundación de esto o lo otro. Las fiestas solían montarse en el Parkrestaurant de Südende, un lugar de encuentro ideal junto a un lago con muchos árboles y unas cuantas barcas.

En invierno el lago se helaba y se convertía en una pista de patinaje. Tenía además un gran restaurante y un bonito pabellón de fiestas para celebraciones y bailes. No hacía falta mucho dinero, la cerveza costaba veinte peniques. Lo importante era juntarnos en un bar. Ninguno de aquellos jóvenes estaba muy politizado, ni uno solo. Aunque es cierto que tampoco había ningún judío. Salvo Eva Löwenthal, mi amiga, que a veces se unía a la pandilla.

La política nos aburría. Cuando oigo lo que dicen las muchachas de hoy en día y veo con qué fuerza expresan su opinión, pienso: «¡Dios santo, qué diferencia!». A veces, más que tener cien años, me parece que son ya trescientos. La forma de vivir es completamente distinta.

A finales de 1932 Brunhilde Pomsel conoció a Wulf Bley, que más tarde trabajaría como locutor radiofónico. Fue un encuentro decisivo porque, tras el asalto de Hitler al poder, él le abrió las puertas de la radio y, más adelante, del Ministerio de Propaganda de Joseph Goebbels. El escritor y locutor Wulf Bley (Berlín, 1890-Darmstadt, 1961) se afilió al Partido Nacionalsocialista y las SA en 1931. Hoy se lo recuerda principalmente por haber retransmitido la gran procesión de antorchas que cruzó la Puerta de Brandemburgo el 30 de enero de 1933 y, más tarde, los Juegos Olímpicos de Berlín en 1936.

Mi novio Heinz tenía un amigo escritor que había sido subteniente de las fuerzas aéreas durante la Primera Guerra Mundial. Heinz sabía que yo solo trabajaba media jornada en el despacho del doctor Goldberg y, como el amigo de Heinz quería redactar sus memorias y necesitaba a alguien que las pasara a máquina, me recomendó. Su amigo se llamaba Wulf Bley y era un tipo encantador que vivía cerca de casa y tenía una mujer y un hijo muy simpáticos. Cuando iba a verlo me invitaban primero a un café, charlábamos un poco y luego me ponía a mecanografiar sus pensamientos. Y una cosa llevó a la otra. El señor Bley tenía un amigo, el capitán Busch, que vivía en Lichterfelde y también quería escribir sus memorias. Era un hombre muy generoso. Así que comencé a ir a su casa, donde me quedaba trabajando hasta la hora de la cena. Luego uno de sus hijos me llevaba a casa en coche. Era gente de dinero y por poco me hago rica yo también con aquellos trabajitos. Así que a finales de 1932 pasaba las mañanas en casa del doctor Goldberg, un empresario judío, y algunas tardes en casa de Wulf Bley, un veterano de guerra afiliado al Partido. Más de una vez me han preguntado si no me parecía contradictorio trabajar para un judío y un nazi a la vez. La verdad es que no. Yo era entonces una de las pocas personas que aún tenía trabajo. Casi todas mis amigas se habían ido al paro, como tantísima gente en aquella época. Yo llevaba casi cuatro años trabajando para el doctor Goldberg y estaba muy a gusto. Eso fue antes del 33, claro. Luego todo cambió de golpe.

2

«HITLER NO ERA MÁS QUE UN HOMBRE NUEVO»: INGRESO EN LA REICHSRUNDFUNK

A finales de 1932 Brunhilde Pomsel había cumplido ya veintiún años y, según la legislación vigente, era mayor de edad.

Berlín era una ciudad abierta, llena de vida, con muchísimo que ofrecer. Para la gente con dinero, se entiende. Para los judíos ricos. Para quien tenía dinero había mucho que hacer en Berlín. Era una ciudad con toda la oferta cultural imaginable en aquella época: teatro, conciertos, un zoológico precioso... y unos cines magníficos. En los cines ofrecían siempre un pequeño espectáculo. Primero ponían la película, luego un cortometraje documental y al final un espectáculo escénico, que solía consistir en un cantante con acompañamiento de piano o una compañía de baile como las chicas Tiller. Berlín lo tenía todo: ¿qué más podía uno desear? También había restaurantes de copetín, carísimos, que obviamente no pisaba el común de los mortales. De esos sitios no supe nada hasta que empecé a trabajar en la radio.

Pero por muchos elogios que mereciera, Berlín también tenía su cara oscura. Y muy especialmente entonces, después de perder la Primera Guerra Mundial, cuando las calles rebosaban de parados y mendigos. Los que vivíamos en un buen barrio no los veíamos, pero había zonas enteras sumidas en la miseria, y eso nadie lo veía ni lo quería ver. Mirábamos todos hacia otro lado.

Entonces llegó el mes de marzo de 1933 y los nazis ganaron las elecciones. No sé a quién votaron mis padres y yo apenas recuerdo a quién voté. Creo que a los nacionalistas. Siempre me habían gustado los colores de su bandera: negro, blanco y rojo. Cuando era pequeña, el domingo electoral siempre se distinguía de los otros domingos: la calle era un jaleo de banderas, música y eslóganes, y la ciudad hervía de animación. Los domingos electorales eran algo muy especial. Pero todo eso de la política... A los jóvenes nos entraba por un oído y nos salía por el otro. Nos resbalaba.

Poco antes, en enero de 1933, Heinz me llevó a Potsdam, donde el anciano Hindenburg y Hitler se dieron la mano. Ni me paré a preguntar qué significaba aquel disparate, me traía completamente sin cuidado. Heinz se dio cuenta de lo poco que me interesaba la política. Seguro que pensó que yo no estaba a su altura, que era una tontaina, porque ni siquiera trató de adoctrinarme. Del Partido no hablábamos nunca. De todas formas, a finales de aquel año rompimos.

Cuando Hitler fue nombrado canciller, en enero, la ciudad entera salió a la calle. Los más fanáticos fueron a celebrarlo a la Puerta de Brandemburgo. Heinz estaba entusiasmado y me llevó hasta allí. Solo recuerdo a Hitler asomándose a la ventana de la cancillería. Había gente por todos lados, una verdadera marabunta, y el gentío gritaba como lo hace hoy en los partidos de fútbol. Nosotros también. Y en mitad de toda aquella exaltación, las masas te empujaban y te separaban y te sentías la persona más feliz del mundo por haber sido testigo de aquel acontecimiento histórico. Yo estaba entre los que gritaron de júbilo aquel día, lo confieso. Por aquel entonces Hitler no era más que un hombre nuevo.

Pero tampoco me entusiasmaba todo aquel jolgorio, ni mucho menos. Aquella clase de manifestaciones no me entusiasmaron nunca. Con el tiempo llegué incluso a evitarlas en la medida de lo posible. Cuando trabajaba en la radio, recuerdo que el primero de mayo había que marchar juntos hasta el campo de deportes del Reich y, cuando venía Mussolini o algún otro pez gordo, nos obligaban a ir a recibirlo al aeropuerto de Tempelhof. Y no podía faltar nadie. En todos los departamentos había gente de la que no podías fiarte, que habría murmurado si no te presentabas. Estaban todos muy pendientes de quién iba y quién no, pero en mi departamento siempre nos las ingeniábamos para escaquearnos. Nos presentábamos, desfilábamos una o dos manzanas con el resto y luego nos largábamos. Se me ha quedado grabada una de aquellas concentraciones. Teníamos que reunirnos delante del edificio de la radio para empezar la gran marcha hasta el campo de deportes del Reich, pero los de mi departamento quedamos en un bar cerca de allí y cada cinco minutos alguien se descolgaba y se iba a tomar una cerveza con los demás. De los veinte que éramos no hubo en ningún momento más de dos desfilando, para guardar las apariencias. Nos la jugábamos un poco, la verdad. Aunque había departamentos donde la vigilancia era más estrecha, como el de literatura.

Pero cuando Hitler llegó al poder se respiraba un ambiente de esperanza renovada. Lo cierto es que fue una sorpresa mayúscula que Hitler ganara las elecciones. Creo que ni los propios nazis se lo esperaban.

Pero a mí todo eso me interesaba bien poco y mi vida no cambió en absoluto. Seguía trabajando para el doctor Goldberg, aunque obviamente no le conté que el 30 de enero había vitoreado a Hitler. Tenía suficiente tacto para ahorrarle eso al pobre y, además, no habría venido a cuento. Era todo un poco contradictorio, aunque entonces no me parecía tan grave. Para mí, aquello no tenía el menor interés. Yo era joven y estaba enamorada, eso era lo único que me importaba. Ha pasado tanto tiempo que me cuesta mucho ponerme en mi pellejo de entonces. Pero así fue. Nos vimos metidos en todo aquello sin comerlo ni beberlo.

De las marchas y procesiones de antorchas de los nazis tampoco teníamos muchas noticias. Südende era una zona residencial del barrio de Steglitz. De los disturbios de los años veinte ni nos enteramos, como tampoco de lo que pasó con Hitler. Allí era todo muy pulcro, muy burgués; los desórdenes y las manifestaciones se concentraban en los barrios obreros. En Südende vivía gente de bien, había mansiones bonitas y espaciosas que alquilaban plantas enteras. Allí reinaba la armonía, creo que no vi en el barrio ni una sola marcha. En Südende no había marchas nazis, porque si las hubieran convocado no habría participado ni el apuntador. De muchas cosas podía uno enterarse en la prensa, claro, aunque en la calle se respiraba tranquilidad y no nos movíamos mucho del barrio. Los disturbios se concentraban en la Hauptstrasse y la Steglitzer Strasse, que recorrían las marchas nazis. Pero pasabas de largo y listo. Y si mis hermanos iban a las Juventudes Hitlerianas y vestían camisas pardas, en fin, qué más me daba.

Las calles estaban cada vez más llenas de hombres de las SA, aunque eso tampoco nos incomodaba. No les prestábamos la menor atención. Lo que sí me producía una angustia mortal era la Organización de Mujeres Nacionalsocialistas. Me aterraba que un día me obligaran a afiliarme. Se empezaban a observar entonces ciertos códigos de vestimenta. Las chicas de la Liga de Muchachas Alemanas, por ejemplo, tenían que llevar faldas plisadas azules. En mi círculo nos reíamos de ellas y de sus ropas tan holgadas: a nosotras nos gustaban las faldas ajustadas, a la moda. Aquellas eran mis preocupaciones. Al final me libré de la Organización de Mujeres Nacionalsocialistas, no me acuerdo cómo me las apañé. No era obligatorio, pero hacían mucha propaganda de la organización. A mí los movimientos de masas no me gustan, siempre me han repelido.

Hitler no tardó en poner en práctica sus medidas y en poco tiempo cambiaron muchas cosas. Se aprobaron infinidad de decretos, algunos con carácter de emergencia. El cambio también tuvo su lado positivo: se empezaron a construir autopistas y mejoraron las infraestructuras. Mucha gente encontró trabajo y fue un alivio, porque el país rebosaba de mendigos, gente realmente necesitada, mu-

chas personas que no estaban en el paro por mera holgaza-
nería. Y sin trabajo no podían sustentar a sus familias, que
solían ser numerosas. Los pobres siempre han tenido más
hijos que los ricos. Al principio Hitler hizo un buen trabajo
y consiguió aliviarnos del lastre económico que había supuesto la derrota en la Primera Guerra Mundial.

La mayoría de los jóvenes nos sentimos liberados. Mis hermanos podían tomarse ahora una cerveza en el bar, cosa
que antes tenían prohibida. Y al afiliarse a las Juventudes
Hitlerianas pudieron salir de casa sin la supervisión de mis
padres y estar con otros chicos de su edad, para ir de ex-
cursión o para lo que fuera. Hubo muchas mejoras, en
todo caso, y se respiraba optimismo. Todo iba a pedir de
boca.

Inmediatamente después de las elecciones en 1933, antes de terminar sus memorias, Wulf Bley fue nombrado
director artístico del Teatro Alemán y me propuso que lo
acompañara como secretaria. Fue el comienzo de mi ascenso laboral. Si no hubiese conocido por casualidad a
Wulf Bley, mi vida habría tomado un rumbo muy distinto
y seguro que habría acabado en otra parte. «Su jefe judío
no va a durar mucho —me dijo—. ¿No le apetecería trabajar en el teatro? Seguro que encuentro alguna cosa que
dictarle.»

Recuerdo que eso ya me lo había comentado antes,
allá por las Navidades de 1932: «Esos nacionalsocialistas... unas elecciones más y lo conseguirán». Bley sabía
que si eso sucedía tenía el porvenir asegurado, ya que era
un militante de primera hora. Y así fue. Lo que esas lum-
breras nazis no sabían es que le habían dado la dirección

artística del Teatro Alemán a un inútil que carecía de toda sensibilidad, y que aquello no podía salir bien. Aun así, poco después de que Hitler llegara al poder le fue concedido el puesto a Bley.

La primera gran obra que puso en escena fue *Guillermo Tell*, con Heinrich George[1] en el papel de Gessler y Attila Hörbiger[2] en el de Tell. Yo me pasaba el día en el teatro, sin mucho que hacer, mecanografiando las pocas cartas que Bley me dictaba. Pero a él mi desocupación no parecía importarle y me pagaba igual de bien. Yo estaba muy contenta y me lo pasaba genial. Sobre todo cuando la secretaria del teatro, la señorita Von Blankenstein, me dejaba quedarme en su despacho, que tenía las paredes forradas de retratos firmados de muchísimos actores. Recuerdo que un día estaba hablando con ella cuando se abrió la puerta y entró el actor Attila Hörbiger, que era el ídolo de todas las chicas. Sacó una pitillera y me ofreció un cigarrillo, que acepté temblando de emoción. Al volver a casa le amenizaba la cena a mi familia con mis anécdotas del teatro.

Al cabo de unos meses, Bley me dijo que estaba negociando su traslado a la radio y me preguntó si me apetecía

1. Heinrich George (Stettin, 1890-campo especial Sachsenhausen, 25 de septiembre de 1946) fue un actor alemán que gozó de mucha popularidad en la época de la República de Weimar. Tras el triunfo del nacionalsocialismo fue inhabilitado, pero más tarde llegó a un acuerdo con el régimen nazi y colaboró en varias películas de propaganda, como *El flecha Quex* (1933) y *Kolberg* (1945), además de la película antisemita *El judío Suss* (1940).

2. Attila Hörbiger (Budapest, 1896-Viena, 1987) fue un actor austríaco. De 1935 a 1937 y de 1947 a 1951 encarnó al *Jedermann* en el Festival de Salzburgo. También actuó en la película de propaganda nazi *Heimkehr*, en la que compartió reparto con su esposa Paula Wessely.

trabajar allí. Me dijo que podía colocar a su propia secretaria y que intentaría conseguirme un contrato, porque quería que el sueldo me lo pagase la radio. A mí me atrajo mucho la idea de trabajar en una institución tan importante. Era una oportunidad única y acepté encantada. «Creo que los tengo en el bote —me dijo al poco tiempo—. Y usted vendrá conmigo, es casi seguro.» Entretanto seguíamos viéndonos en el Teatro Alemán, donde Bley conservaba aún su puesto de director artístico.

Poco después me preguntó si ya tenía el carné del Partido. «No, no lo tengo», le contesté. «Mmm —dijo—, pues creo que le iría bien para trabajar en una empresa de este tipo.» Le repliqué que en ese caso me lo sacaría. «No sé si ahora lo encontrará abierto», me advirtió.

Y es que el Partido se había puesto de moda y todo el mundo quería el carné. La gente estaba convencida de que había llegado el gran líder, alguien capaz de ayudar al hombre de a pie. Eso era lo que predicaban, en todo caso, y todo el mundo veía que convenía afiliarse al Partido.

Yo pensé lo mismo: si el señor Bley me lo había recomendado y quería trabajar en la radio, era conveniente sacarme el carné. Lo comenté en casa y les expliqué mis razones, pero a mis padres ni les iba ni les venía. «Haz lo que te dé la gana», me dijeron.

Aquella tarde vino a verme mi amiga judía, Eva Löwenthal. Habíamos quedado para tomar un café, es decir, para que yo la invitara a un café: todos sabíamos que la pobre no tenía un duro y siempre la invitábamos. «Hoy no podremos quedar, Eva —le dije aquel día—. Tengo que afiliarme al Partido.» La cosa funcionaba así: la sede del Partido abría un rato, admitía a un centenar o un millar de militantes y se volvía a cerrar. No daban abasto con la expedición de carnés y la gente que llegaba tarde tenía que ponerse a la cola para entrar en la siguiente ronda. «Vale —me dijo ella—, te acompaño.»

Fuimos juntas a la delegación del Partido Nacionalsocialista de Südende, donde había ya más de cien personas esperando para afiliarse porque había corrido la voz de que a principios del mes siguiente volverían a cerrar.

Así que me puse en la cola y Eva fue a sentarse en un muro para esperarme. La cola avanzaba muy deprisa, estaban bien organizados: solo había que firmar y pagar. Costaba dos marcos al mes, que era bastante para la época. Y la cuota de admisión dolía aún más porque subía a los diez marcos, que era casi todo lo que tenía. No pudimos ni ir a tomar un café: me quedé sin un céntimo. Diez marcos eran mucho dinero.

Pero firmé igualmente con la idea de que si al final me contrataban en la radio no tardaría en olvidarme de aquellos diez marcos. Hice todo el papeleo y a partir de aquel momento me convertí en miembro del Partido.

Después de la guerra, cada vez que alguien me ha preguntado si estuve afiliada al Partido he dicho que sí. Pero en aquellos años no me lo preguntaron mucho, ni siquiera cuando trabajaba en el Ministerio de Propaganda. No sé si todos los empleados tenían el carné o no. Quizá me precipité al afiliarme, aunque tampoco me perjudicó en modo alguno.

A las pocas semanas recibí una carta de la delegación con mi carné, donde constaba que era miembro del Partido Nacionalsocialista desde tal fecha. Luego me llegó otra que decía que, como miembro del Partido, tenía que ayudar de alguna manera, participando por ejemplo en las colectas callejeras. Al final me daban un par de recomendaciones. Decidí esperar y ver qué pasaba. Cada dos por tres había una colecta callejera en la que se recaudaba dinero para alguna iniciativa. No pensé que estuviera obligada a participar, pero más tarde me llegó una carta que me emplazaba a presentarme en la delegación.

Al llegar me explicaron que era inaceptable que, estando afiliada, aún no hubiera hecho nada por la causa. «¿Y qué quieren que haga?», les dije. Me preguntaron a qué me dedicaba y, cuando les expliqué que trabajaba en la radio, se les ocurrió que podría mecanografiar alguna cosa en el despacho de la sede del Partido en el barrio. Les hacía falta una mecanógrafa para responder al correo y podía pasarme a partir de las seis, cuando las oficinas ya hubieran cerrado.

Me había quedado sin argumentos, así que tuve que dedicarles unas horas para mecanografiar cuatro tonterías. Luego me empezaban a llamar y yo les daba excusas que me inventaba sobre la marcha: que teníamos un programa de radio y tenía que estar presente o lo que fuera. Como no sabían cuál era mi función concreta en la radio, se lo tragaban todo. Durante varias semanas me inventé tantas excusas que al final me dijeron que no les interesaba mi colaboración porque que no podían contar conmigo. A partir de aquel día me dejaron en paz, aunque seguían llamándome cada vez que había una colecta para huérfanos y necesitados, cosa que me repateaba.

Recuerdo una colecta que hubo una tarde de invierno, patrocinada por la marca de chocolate Sarotti, la del morito con el uniforme a rayas. En aquel entonces era el mejor que había. La empresa puso el uniforme del moro a disposición de la radio, porque a alguno de los responsables se le ocurrió que como era invierno más valía animar un poco la cosa y ambientarla con personajes de fantasía. Así que nos trajeron el uniforme al departamento y la gente empezó a decir: «Pomseline, ¡póntelo tú!». Me quedaba como un guante, estaba hecho para una persona pequeñita como yo. Era un uniforme precioso y carísimo, de seda de primera. Al verme con él se quedaron todos boquiabiertos y me dijeron que tenía que ir así, vestida de morito, a la colecta de invierno del domingo.

Y eso hice. Vinieron también todos los actores famosos del momento y la gente acudía en masa para verlos a ellos y a los políticos. Y al morito de Sarotti, claro. Yo tenía que acompañar al ministro de Economía. Él hablaba y yo bailaba alrededor de él agitando la hucha, lo que atraía a mucha gente. Empezamos en Unter den Linden y cruzamos el Tiergarten, haciendo un alto delante del Palacio Real y el Reichstag. Yo hice mi papel hasta el anochecer, cuando terminó la colecta y pudimos entregar el dinero recaudado e irnos a casa. Recuerdo que mi madre me sentó en la bañera y tardó una eternidad en quitarme todo aquel maquillaje marrón.

El señor Bley ocupó su nuevo puesto en la dirección de la radio y a mí me asignaron una de las oficinas del edificio para mí sola. Era un edificio precioso y muy distinguido, lleno de despachos. Tenía la fachada de ladrillo, un estilo que entonces causaba sensación.

Al principio tenía poco que hacer. El edificio disponía de un casino y un restaurante con terraza en la azotea. De vez en cuando mis compañeras me invitaban a comer allí. Fue así como conocí a varias chicas con las que mantuve una amistad que duró muchos años, hasta que murieron. Hay una que todavía vive y es un año mayor que yo. Algunas de las amistades que hice en la radio las he conservado toda la vida.

Al poco tiempo de que Wulf Bley aterrizase en la radio volvieron a trasladarlo. Se dieron cuenta de que allí tampoco les era de mucha ayuda. Creo que se marchó en Navidades. Era un inútil que no servía para nada, ni siquiera para la radio. De joven había servido en las fuerzas aéreas y desde entonces vivía del cuento, trampeando como podía. No tenía formación ni estudios de ningún tipo, pero tuvo la suerte de afiliarse muy temprano al Partido. Fue muy leal desde el principio y los nazis le prometieron cuidar de él si llegaban al poder; esa fue su buena estrella. No era lo que se dice una lumbrera, como tampoco lo eran muchos otros capitostes del régimen. Yo me quedé en la radio y no volví a saber de él.

El contrato, en cualquier caso, lo conseguí por mediación de Wulf Bley. Y era un contrato de los buenos. No recuerdo exactamente lo que me pagaban, pero eran más de doscientos marcos al mes. Una auténtica fortuna comparado con el sueldo con el que me había tenido que conformar durante años. Empecé trabajando para la junta directiva y luego me trasladaron a la secretaría de la antigua dirección. No era un puesto especialmente honroso, porque allí trabajaba la gente a la que querían arrinconar. Entre mis compañeras estaban las secretarias que habían ocupado puestos de responsabilidad para la antigua directiva, es decir, para los miembros del antiguo consejo de administración, compuesto en su mayoría por judíos a los que luego habían despedido o internado en campos de concentración y que no tenían ya el menor contacto con la radio.

A las secretarias de los anteriores directivos judíos que eran alemanas y dignas de confianza las trasladaron a esa secretaría para que se encargaran de copiar los documentos que hiciera falta. Y entonces sufrí un contratiempo que acabó siendo una bendición: al poco de empezar a trabajar en la radio me puse enferma. Fue un resfriado mal curado que se me enquistó en los pulmones. La cosa iba a peor y alguien me recomendó que pidiera una baja de reposo, que consistía en pasar un mínimo de cuatro semanas en uno de los nuevos centros turísticos del Báltico. El médico que me reconoció dio su aprobación y me envió a guardar reposo en un balneario de la isla de Föhr. Pasé medio año en aquel sanatorio y mientras me siguieron pagando el sueldo religiosamente. Tuve una suerte tremenda, porque en aquel tiempo no era nada frecuente que te dieran la baja. Más adelante tuve que pasar otra temporada allí. Esa vez fueron solo tres meses, pero también me los pagó la radio.

En cuanto volví, me transfirieron al departamento de prensa y tuve que comenzar a asistir a las retransmisiones radiofónicas. Vieron que la taquigrafía se me daba muy bien y me pusieron a tomar dictado de los discursos de políticos y demás personalidades. Allí fue donde tomé mis primeros dictados de Goebbels, que dio un discurso para inaugurar la exposición. Era una taquígrafa de primera, rapidísima, y en el departamento de prensa podía explotar mi capacidad al máximo. Me sentía muy a gusto.

Después trabajé para el *Zeitfunk*, que era un programa de actualidad.[3] Seguramente es el sitio en el que más feliz he

3. El *Zeitfunk* era un noticiario centrado en la actualidad de Alemania, Europa y los frentes de guerra.

sido; estaba siempre rodeada de «mis chicos», que era como yo llamaba a los periodistas deportivos, fueran jóvenes o viejos. Eduard Roderich Dietze[4] se encargaba de las retransmisiones de tenis y Rolf Wernicke,[5] de las de fútbol. Y estaba también el profesor Holzamer,[6] que entonces era un simple reportero, pero llegaría a ser director de la ZDF. En aquel puesto tenía muchísimo trabajo. Empezábamos todas las mañanas con una reunión en la que nos informaban de lo que ocurría en Berlín y el resto del mundo. Después salían las unidades móviles con los reporteros. Teníamos tres noticiarios al día: uno matinal, otro al mediodía y un tercero vespertino. Se informaba sobre las visitas oficiales, los partidos de fútbol, los conciertos y las obras de teatro; había de todo. El trabajo era más bien estresante y era imposible mantener un horario fijo, pero siempre terminábamos la jornada con unas cervezas en la cantina o en

4. Eduard Roderich Dietze (Glasgow, 1909-Bühlertal, 1960) fue un jugador de ping-pong alemán que se convirtió en reportero radiofónico en 1932. Durante los Juegos Olímpicos de 1936 fue el primer locutor de la radio británica. Tras la Segunda Guerra Mundial participó de manera decisiva en el desarrollo de la televisión y más tarde fue redactor jefe de la SWR, la Radio del Suroeste de Alemania.
5. Rolf Waldemar Wernicke (Mülhausen, actualmente Mulhouse, Francia, 1903-Constanza, 1953) fue un reportero deportivo alemán. En 1936 narró la ceremonia de inauguración de los Juegos Olímpicos y las competiciones de atletismo. Retransmitió diversos actos oficiales, como los congresos del Partido Nazi. Durante la guerra trabajó como reportero en el frente.
6. Karl Johannes Holzamer (Fráncfort del Meno, 1906-Maguncia, 2007) fue un filósofo y pedagogo alemán que en años posteriores dirigió la ZDF, la segunda cadena pública de televisión en Alemania. Al comienzo de la guerra fue reclutado como soldado de las fuerzas aéreas y más tarde fue corresponsal de guerra de la radio.

el Eugen, que era el clásico bar de barrio berlinés. La mayoría de los reporteros eran solteros y los que estaban casados solían irse a casa antes. Casi todos tenían coche, algo poco habitual en aquellos años, y siempre había alguno que se ofrecía a llevarme a casa. En aquel grupo me sentía muy integrada. Allí pasé unos años maravillosos. Recuerdo con especial cariño los Juegos Olímpicos de 1936, que se vivieron muy de cerca en la radio. Fueron unos días muy especiales, sobre todo porque tuvimos ocasión de conocer a extranjeros. Un día me llamó una amiga y me dijo que la víspera había conocido a un indio —o a un japonés, no se acordaba— que era la mar de exótico. Mi amiga le había dicho que tenía un contacto en la radio y el hombre tenía ganas de ver cómo era por dentro. Luego me preguntó si lo veía factible. «Ya va de camino, estará a punto de llegar, que lo sepas», añadió. Al poco rato se presentó allí. Menos mal que sabía alemán, no sé qué habría hecho si no. Uno de mis jefes le enseñó la radio. Lo que se le podía mostrar, en fin. Y aquella noche quedamos para cenar. Conocer a alguien de otro país era entonces una cosa extraordinaria. Si se lo contara a un niño hoy, se reiría de mí.

Berlín se había volcado en los Juegos y durante aquellas semanas se convirtió en la ciudad más abierta y hospitalaria del mundo. Se hizo un llamamiento a los berlineses para que alquilaran sus habitaciones, porque en los hoteles y las pensiones faltaba sitio. El hospedaje doméstico se cobraba a diez marcos la noche, pero lo esencial era el honor de recibir a un invitado extranjero. El caso es que los Juegos Olímpicos comenzaron y en casa seguíamos sin tener ningún huésped. Estábamos muy decepcionados. Mis padres se habían esforzado en ofrecer su propio dor-

mitorio, que había quedado muy bonito. Menos mal que
el tercer o cuarto día de los Juegos nos llamó alguien del
Comité Olímpico para preguntarnos si aún podíamos
hospedar a alguien. «¡Pues claro, oiga!» Aquel mismo día
se instaló en casa una pareja holandesa. Estábamos tan
emocionados que no pegamos ojo. Ya podíamos ir con la cabeza bien alta. Teníamos huéspedes olímpicos. Era una pareja muy simpática que había
comprado sus entradas con antelación. Cuando estuvieron de vuelta en su casa nos enviaron regalos de Holanda:
galletas y queso. Fue todo un acontecimiento.

En la radio estábamos hasta arriba de trabajo, no parábamos de retransmitir desde el Estadio Olímpico o las
afueras de Berlín. Yo apenas tuve tiempo de seguir los Juegos, solo pude ver una competición de atletismo y otra de
doma. No era fácil conseguir entradas, y costaban un ojo
de la cara. La ciudad parecía otra. En la Kurfürstendamm tenías
la sensación de estar en París. La gente estaba alborozada
y hacía un tiempo espléndido. Era la fiesta que Dios le había regalado al Führer. Ese era el sentimiento que se respiraba en Berlín en 1936. En las calles se oía hablar inglés o
francés y por ellas paseaba gente la mar de exótica. Fue la
primera vez que tuvimos contacto con personas de color.
No sé si vi a algún negro, pero había gente de piel mucho
más oscura. El indio más clarito era toda una novedad.

Y luego estaban las retransmisiones de los Juegos. Teníamos reporteros muy buenos que luego se hicieron un
nombre y más tarde llegaron a salir por la televisión. Rolf
Wernicke era mi superior directo en la sección de deportes

y trabajamos juntos en el *Zeitfunk*. Las emisoras locales se habían unificado en la Red de Radiodifusión del Reich y cada una informaba sobre lo que ocurría en su región. Ciñéndose al contenido permitido, eso sí. Porque la libertad de expresión había dejado de existir y la vigilancia era constante. Había un departamento que se dedicaba exclusivamente a escuchar los programas de radio, aunque no sé cómo podían censurarlos antes de que se emitieran. Más tarde me enteré de que Goebbels leía hasta el último guión de cine, por corto e insignificante que fuera. Se entrometía en todo, ponía el grito en el cielo y metía o sacaba actores a discreción... Se involucraba mucho en el reparto de cada película. En la radio teníamos unas directivas muy claras sobre lo que era tolerable y lo que estaba prohibido. Teníamos nuestras normas de conducta. En todos los departamentos había personas leales al Partido, que no eran viejos militantes, sino gente que había ido haciendo méritos. Solían ser pobres diablos sin ningún talento artístico, nombrados a dedo. También había paramilitares de las SS, a los que nadie osaba pararles los pies. Ni siquiera les hacía falta colocar a observadores externos, puesto que la directiva de la radio al completo simpatizaba con el Partido. Creo que fue en aquellos años cuando nos fueron metiendo el antisemitismo en la mollera. Fue un proceso muy sutil. Se notaba más en los programas de literatura que, por ejemplo, en las secciones infantiles o femeninas, donde solo emitían canciones y recetas de cocina.

Con el tiempo conocías a la gente y aprendías a distinguir entre los nazis fervorosos y las personas que te habrían caído muy bien si no hubieran sido del Partido.

En cualquier caso, al principio las cosas iban a pedir de boca en Alemania. Hasta el año de los Juegos Olímpicos, al menos. La persecución real de los judíos no había comenzado y se había impuesto el orden. No vi ninguna quema de libros. Me enteré por los periódicos, claro, pero todo eso ocurría en otros barrios y a mí me quedaba muy lejos. Seguro que entre los jefes se hablaba de política, pero a nosotros nos afectaba bien poco.

El primer cambio notable fue la desaparición de los comercios judíos. En nuestro barrio había muy pocos y tampoco es que cerraran todos de golpe. De vez en cuando las tiendas cambiaban de dueño y no tenían por qué ser siempre las judías, era lo más normal del mundo.

Pero al poco tiempo empezaron a boicotear también los comercios judíos de Südende, que era un barrio muy tranquilo y alejado de la política. Con todo, las relaciones entre judíos y gentiles se mantuvieron vivas mucho tiempo y mi padre siguió teniendo clientes judíos durante una buena temporada.

Yo misma había trabajado para un judío cuatro años y hasta que llegó el último momento no me di cuenta de que la cosa iba en serio y que aquel hombre iba a tener que marcharse. Los periódicos no dejaban de anunciar que tales y cuales judíos habían emigrado y alguna vez se me pasó por la cabeza que mi jefe podía estar entre ellos. Pero luego lo olvidaba. Entonces no era una idea asociada a algo tan terrible, algo que uno no pudiera hablar con nadie.

Recuerdo un viaje que hice con el reportero Rolf Wernicke, con quien podía hablar de todo abiertamente. Fue en marzo de 1938, antes de que estallara la guerra. Íbamos a pasar unos días de vacaciones en Graz con varios amigos. Teníamos la radio del coche encendida y de pronto Wernicke se paró y exclamó: «¡Ha llegado la hora!». Tuvimos que dar media vuelta y salir volando hacia Berlín para retransmitir la anexión de Austria. Wernicke no tenía ni un pelo de nazi, todo aquello no le interesaba en absoluto. Su mundo se reducía a las chicas y los reportajes futbolísticos.

La anexión de Austria fue una noticia que se cubrió a lo grande. La idea que se quería transmitir era que el pueblo alemán volvía a estar unido para resurgir de sus cenizas. En la radio sabían manipular los hechos y contaban con la ayuda de miles de ciudadanos que habían salido a la calle dando gritos de júbilo, sin enterarse de lo que pasaba en realidad. Todos eran tan ingenuos como yo.

La primera vez que oí hablar de los campos de concentración me dijeron que allí solo metían a gente pendenciera o crítica con el gobierno. No había necesidad de encarcelarlos, por eso los enviaban a los campos, para reeducarlos. Aquel era el motivo oficial, y nadie le dio nunca más vueltas. Un día nos enteramos de que Jule Jaenisch, el principal locutor de la radio, un hombre maravilloso que daba las noticias tres veces al día y al que la radio se lo debía todo, había sido deportado a un campo de concentración.[7] «¿Y eso?», se preguntaba la gente. «Parece que es marica», decían. Nos quedamos de piedra, no nos lo podíamos creer. ¡Marica! En aquel entonces era algo horrible. ¿Qué clase de gente era capaz de algo semejante? Jule Jaenisch, con lo simpático y agradable que era... «No, si simpáticos

---

7. A partir de 1934 muchos colaboradores de la emisora regional de Berlín fueron detenidos e inhabilitados. Entre ellos había pioneros de la radio alemana de la talla de Julius Jaenisch, Alfred Braun, Hans Bredow, Hans Flesch, Hermann Kasack, Friedrich Georg Knöpfke, Kurt Magnus, Franz Mariaux y Gerhart Pohl.

lo son un rato, ¡pero siguen siendo maricas!» Éramos todos una pandilla de mojigatos. Luego Rosa Lehmann Oppenheimer desapareció de un día para otro y su tienda cerró. Ahora que tantos alemanes del Este habían regresado ya no había sitio para los judíos. Eso era lo que nos vendían, que los alemanes de los Sudetes volvían al Reich y los pueblos de los que procedían tenían que ser repoblados. Allí era adonde supuestamente mandaban a los judíos, para que pudieran estar juntos. Y nos lo tragamos, sí, nos creímos hasta la última palabra. Tenía su lógica, además, porque es verdad que habían llegado montones de forasteros. Gente que cantaba otras canciones, hablaba a su manera y buscaba piso en Berlín para instalarse entre nosotros. Tenía sentido: los alemanes de Bohemia venían aquí y los judíos se iban allá. Lo quisieran o no, claro. Hoy nadie nos toma en serio, todo el mundo cree que estábamos al cabo de la calle de todo lo que pasaba. Pero se equivocan. No teníamos ni idea. Todo se silenciaba y nadie sabía nada.

Además, aún quedaba en el barrio un colmado judío, el doctor Goldberg seguía trabajando en su despacho y mi padre continuaba teniendo clientes judíos en el barrio. Como el señor Levi, sin ir más lejos. Y hacían vida normal, o eso parecía. Solo que poco a poco... iban desapareciendo. El cómo y el porqué lo ignorábamos. No supimos nada hasta que llegó aquella noche atroz de noviembre de 1938 conocida como la Noche de los Cristales Rotos.

Nos quedamos de piedra. Parecía imposible que algo así pudiera pasar. Que los judíos recibieran tales palizas, los judíos y las personas en general... Todos aquellos escaparates rotos y los comercios judíos saqueados. ¡Y en todos los barrios! Aquel día los nazis se quitaron la careta, y a los demás se nos cayó la venda de los ojos. A partir de entonces se empezó a hablar del tema. Un conocido te contaba que un pelotón uniformado había sacado a unos vecinos de su casa y se los había llevado. ¿Adónde? A saber. Fue algo espantoso para todos. También para los que nunca nos habíamos interesado por la política.

Yo no me enteré de nada, claro. Aparte de lo que leía en los periódicos y lo que oía en la radio, llegué a saber bien poco. Pero un día, en una fiesta, la hermana de una amiga se me acercó llorando y me contó que habían dado una buena paliza a su jefe, que había llegado a su casa renqueante y se había marchado enseguida de Alemania. Ludwig Lesser, se llamaba.[8] Y no podía quejarse, porque aún pudo escapar. Fue uno de tantos judíos que se fueron con lo puesto, sin importarles un comino dejar atrás un armario valioso, un piano o lo que fuera. Lo abandonaron todo y se largaron. Los más listos consiguieron irse a tiempo. El resto, los más pobres, los más confiados, tampoco se llevaron nada porque les dijeron que no les iba a hacer falta, que las casas de Checoslovaquia donde pensaban instalarlos estaban completamente amuebladas. Y eso nos lo creímos todos porque era de allí de donde llegaban los refugiados alemanes, de vuelta a casa. El regreso al Reich, aquel era el lema. Válgame Dios, pensaba yo. Aquí el padre trabaja en un despacho y allí, quién sabe, igual tiene que pasarse el día en un establo sacando estiércol.

8. Ludwig Lesser (Berlín, 1869-Vallentuna, 1957) fue un diseñador de jardines que trabajó en Berlín. En 1939 emigró a Suecia, después de ser inhabilitado por el régimen nazi. En 2013 fue nombrado, a título póstumo, presidente de honor de la Asociación Alemana de Jardinería.

Pero ¿qué le íbamos a hacer? Era la medida que se había tomado y había que aceptarla. Nos lo creímos. Y cerramos los ojos. Pronto las cosas volvieron a la normalidad y seguimos con nuestra vida.

En aquella época las mujeres no lo teníamos nada fácil para trabajar. Cuando conseguías hacerte un hueco se te aceptaba y se te reconocía, pero la verdadera labor de una mujer era la de casarse y tener hijos. Esa era la norma. Las que trabajábamos en la radio éramos consideradas las intelectuales. Mirábamos por encima del hombro a aquellas mujeronas laboriosas, con su pelo trenzado y sus faldas anchas. Consumíamos muchas cosas importadas de América, como el jazz, y nos sentíamos muy por encima de la obediencia. Nos parecía que captábamos mejor el espíritu de los tiempos modernos.

Había organizaciones nazis de mujeres, pero nos importaban muy poco. La gente con la que yo trataba se codeaba con escritores judíos y escuchaba emisoras de radio inglesas. Aunque había que tener muchísimo cuidado, aquello no podías contárselo a cualquiera. Para eso tenías que confiar plenamente en tu interlocutor y estar seguro de que no te iba a delatar.

Entonces comenzó la función. Me acuerdo a la perfección del verano de 1939 y del día en que estalló la guerra. Yo estaba en la radio, acababa de llegar al portal de la oficina y oí por megafonía que aquella madrugada las tropas alemanas habían respondido a un ataque militar polaco. Lo recuerdo como si fuera ayer. Aún nos veo inmóviles y consternados oyendo la noticia. Y es que en la radio éramos todos jóvenes. No hubo ningún grito de júbilo, ningún «¡bravo!», ningún «¡ya era hora!». Se nos cayó el alma a los pies. No tardaron en llegar las primeras noticias de reporteros caídos en el frente. Algunos, como Otti Kreppke, eran amigos míos. Durante los primeros días de la campaña del Este también murió un joven periodista que era muy guapo. Uno a uno, llamaron a filas a los reporteros. Primero los enviaron a Polonia, luego a Rusia o a África. Pocos sobrevivieron. Más tarde, cuando los alemanes llegaron a París, a los mayores se les enviaba allí en lugar de al frente. En Francia los soldados vivían a cuerpo de rey y nos traían siempre algún regalito: una botella de coñac o unos guantes bonitos. Hubo uno que llegó a traerme un sombrero de lo más extravagante. En todo caso, el departamento se iba quedando sin gente.

Luego relevaron al director. Su sustituto fue el hasta entonces director de la emisora de Colonia, Heinrich Glasmeier,[9] un hombre muy amable que se trajo a todo su equipo y cubrió todas las vacantes esenciales con su gente.

Así que estábamos en guerra. Uno intentaba no pensar mucho en ello, algo que resultaba mucho más sencillo si no habían reclutado a nadie de tu entorno. Al principio la vida siguió su curso, solo que ahora repartían cartillas de

---

9. Heinrich Glasmeier (Dorsten, 1869-ca. 1945) fue un director de radio alemán. A partir de 1933 dirigió la Westdeutschen Rundfunk, la Radio del Oeste de Alemania, con sede en Colonia. En 1937 Joseph Goebbels lo nombró director general de radiodifusión del Reich y a partir de 1943 dirigió el Ministerio de Propaganda en la Francia ocupada.

racionamiento y cupones de ropa. «Ay Dios, ¿qué voy a ponerle en el pan a mi pobre Hilde?», decía mi madre. La vida se nos complicaba y nos preocupábamos más por pequeñeces así que por mi hermano, que estaba en el frente. Por él no sufríamos, suponíamos que estaba bien. No empezamos a percatarnos de que éramos un país en guerra hasta que cayeron las primeras bombas en territorio alemán. Entonces sí se nos ocurrió que a lo mejor aquello podía afectarnos más directamente, pero lo cierto es que seguía sin importarnos mucho. Más tarde los periódicos empezaron a publicar esquelas, esquelas y más esquelas, hasta llenar páginas enteras con los nombres de los caídos en el frente. Eso sí nos dio que pensar.

Pero no nos cabía duda de que lograríamos salir victoriosos. Debía de ser porque vivíamos de espaldas al mundo y no nos tomábamos muy en serio a los países contra los que combatíamos. No habíamos advertido que nos habían robado la libertad: solo alcanzábamos a pensar lo que ellos querían, lo que decía el periódico o nos contaban por la radio. Y solo había una emisora de radio. Bueno, también estaba la de Deutschlandfunk, pero esa no la escuchaba nadie, era una emisora de cultura y ciencia. En Alemania todo el mundo oía la misma radio, la estatal. Era la única que oía el pueblo llano, al menos, y pueblo éramos casi todos. Más tarde, empezada ya la guerra, corrieron rumores sobre una emisora inglesa que radiaba en alemán y era contraria a Hitler. Pero de eso te reías o lo mantenías en secreto, y solo se lo comentabas a la gente de la que te podías fiar.

Durante la guerra no disfruté tanto del trabajo en la radio. Tras el relevo en la dirección, el departamento se llenó de gente de Colonia. Nuestros reporteros berlineses estaban todos en el frente. El único que se quedó fue Axel Niels, que a sus setenta años tenía una dispensa. A los demás los llamaron a filas y tuvimos que sudar tinta para mantener el departamento en pie. Sin embargo, la vida fue más o menos soportable hasta que las bombas comenzaron a caer sobre Berlín. Si esto sucedía en Friburgo o en Lübeck te enterabas por la prensa y sentías pena, claro, pero cuando empezaron a bombardear Berlín la cosa se puso seria de verdad. Vivíamos aterrorizados. Y cuanto más duraba la guerra, más concentraban sus ataques sobre Berlín, el corazón de aquella sociedad perversa.

Pero al final nos hicimos a ello. No es humanamente posible vivir asustado a todas horas, como tampoco se puede llorar y huir sin descanso. Uno se acostumbra a cualquier cosa, la convierte en algo cotidiano. En Berlín intentaron recompensarnos con algún que otro lujo: mayores raciones de café y caprichos parecidos. Querían impedir que cundiera el pánico entre los habitantes de la capital. Y el pánico no cundió. Al fin y al cabo, quién iba a plantarles cara ahora que los berlineses medianamente capaces estaban en la guerra o criando malvas. No éramos más que una panda miserable e indefensa de mujeres, niños, enfermos y lisiados de guerra...

Cuanto más se alargaba la guerra, más se detenía la vida, hasta paralizarse casi por completo. Los días terminaban a las seis de la tarde, el tráfico era cada vez más limitado y había que cumplir un sinfín de reglamentos. Nos plegamos a todo sin rechistar. Tampoco era para tanto.

Pero en los primeros años de la guerra sí que hubo muchas restricciones. La mantequilla se racionaba, para la carne había un cupo e incluso se prescribían las cantidades asignadas de alimentos básicos como la sémola o la leche. Yo aún tuve suerte porque, al estar convaleciente de una enfermedad pulmonar, tenía derecho a una dieta suplementaria. Me daban cartillas extra para comprar carne, pero en casa me las quitaban de las manos diciendo que a mí no me hacían falta. También me entregaban más cartillas para comprar mantequilla y leche entera. Mi madre me agradecía mucho aquel lujo y se encargaba de que disfrutara de él toda la familia.

3

«ÉRAMOS EN CIERTO MODO LA ÉLITE»: ASCENSO AL MINISTERIO DE PROPAGANDA

Nada, salvo una enfermedad contagiosa, podría haber evitado su traslado al Ministerio de Propaganda, aseguró Brunhilde Pomsel en el verano de 2013. Al parecer, el traslado al ministerio de Goebbels era una orden que, a pesar de sus recelos, no podía desacatar sin incurrir en el castigo del régimen. En 1942, Kurt Frowein, consejero gubernamental y asesor personal de Goebbels, pasó a ser su superior directo en el Ministerio de Propaganda.

El Ministerio de Propaganda recurría habitualmente a empleados de la radio para cubrir sus vacantes y un día se pusieron a buscar una taquígrafa. En la radio yo tenía fama de taquígrafa experimentada y así, sin previo aviso, me comunicaron que debía presentarme ante el secretario de Estado en la Wilhelmstrasse. Así que fui a verle y respondí a sus preguntas, que versaron sobre todo acerca de mis aptitudes profesionales. «Muy bien —me dijo tras la entrevista—, pues sepa que a partir del lunes su puesto está aquí, en la Wilhelmplatz.» «Lo siento, pero eso es imposible —repliqué—. Me quedan un montón de tareas pendientes en la radio y tendría que poner un poco de orden antes de marcharme.» No me hizo ni caso. El lunes tenía que estar en mi nuevo despacho a las nueve de la mañana, sin falta. Me fui volando a casa para prepararme como pude. La verdad es que no me dolía mucho marcharme de la radio, porque la mayoría de mis amigos y conocidos estaban en el frente o habían regresado con los pies por delante.

El traslado no fue igual de sencillo para todo el mundo. A una compañera del programa de actualidad la trasladaron al ministerio al mismo tiempo que a mí y lo llevó fatal, porque sus padres eran socialdemócratas militantes y la habían educado en sus valores. Al principio se negó rotundamente a trabajar allí, pero no le quedó más remedio. «Me han dado un trabajo fabuloso —me dijo al cabo de un tiempo—. No tengo nada que ver con el ministerio. Me dedico a ordenar la colección de discos de las residencias de Goebbels, ando siempre entre su piso de Berlín y su mansión de las afueras. Solo tengo que tirar los vinilos viejos e incorporar las nuevas adquisiciones. Es una delicia, me paso todo el día sola en el despacho que tiene en su casa el señor ministro, inmersa en su música.» A veces, cuando este no aparecía, la señora Goebbels la invitaba a comer. Pero solo cuando no venía, porque al señor ministro no le gustaba ver a extraños en su casa. Mi compañera me dijo que la señora Goebbels era muy amable, que la trataba siempre como a una amiga y que el ambiente era siempre distendido.

Un día Hitler se enteró de que Goebbels tenía a una chica que le ordenaba los discos. Como él no quería ser menos, a partir de entonces mi compañera empezó a ordenar también los vinilos que Hitler tenía en su casa de Berghof, entre otras residencias. Y entonces conoció a mucha gente gracias a su nuevo puesto, pero nunca vio a Hitler en persona. Solo iba a su casa cuando él se ausentaba.

La víspera de mi primer día de trabajo en el ministerio me hice con una insignia del Partido. Estaba segura de que era lo que se esperaba de mí: que me vistiera como una nazi. Pero no fue así, al contrario: todo el mundo iba hecho un pincel. A partir del segundo día yo también me arreglé. Siempre había pensado que las chicas del ministerio vestirían el típico chaleco marrón con falda azul, como las de la Liga de Muchachas Alemanas o la Organización de Mujeres Nacionalsocialistas. Nada de eso. Vestían de calle y con muy buen gusto.

En principio me habían contratado para reemplazar a la secretaria del delegado de Goebbels, el doctor Naumann,[1] un peso pesado de las SS que llegaría a ser secretario de Estado. Pero Naumann tenía predilección por las mujeres rubias y esbeltas y yo no era ni una cosa ni la otra, así que de entrada me rechazó. Más tarde me contaron que exclamó, horrorizado: «¡No quiero una secretaria judía!». Supongo que en aquel entonces yo tenía cierto aire judío, con mis gafas de montura negra y el pelo oscuro.

Así que me asignaron a la secretaría de Kurt Frowein,[2] un joven y enérgico oficial que acababa de volver del fren-

---

1. El economista Werner Naumann (Góra, 1892-Lüdenscheid, 1982) fue secretario de Estado en el Ministerio del Reich para la Ilustración Pública y Propaganda y asesor personal de Joseph Goebbels. En 1953 Naumann participó en el complot de un grupo de nazis que intentó infiltrarse en el Partido Democrático Libre (FDP) de Renania del Norte-Westfalia.

2. Kurt Frowein (Wuppertal, 1914) se convirtió en asesor personal de prensa de Joseph Goebbels en 1940 y fue designado asesor artístico de cinematografía del Reich en 1943, puesto desde el que ejerció una influencia considerable en las decisiones que tomaba la cúpula del Ministerio de Propaganda.

te con unas heridas leves de las que tenía que recuperarse.
Me consta que exageró un poco la gravedad de su diag-
nóstico para evitar su regreso al Frente Oriental. Quería
quedarse en Berlín a toda costa y Naumann lo colocó
como asesor personal de Goebbels. En su trabajo era muy
eficiente, pero en el trato personal era más bien taciturno.
Más tarde supe que era tan reservado porque aborrecía
aquel tinglado, pero tenía familia y aquella era su única
opción de quedarse en Berlín y evitar el frente.

Con Kurt Frowein me llevaba de maravilla. Era un
hombre recién casado y su mujer esperaba un hijo. Goebbels cuidaba mucho de la gente que lo rodeaba, de sus
asesores personales y de prensa, y Frowein no se separaba
nunca de él. Eran uña y carne. Allí donde iba Goebbels,
Frowein le acompañaba. Si su jefe iba al baño, él se quedaba rondando por ahí; si Goebbels iba a comer, Frowein
se unía a él, y cuando se encontraba en alguna de sus muchas residencias, también le acompañaba y se quedaba allí
a dormir. Estaba de servicio tres días y tres noches seguidas, durante los cuales se convertía en la sombra del señor
ministro. Después le tocaba el turno a otro asesor y él podía descansar.

Yo no tenía ni idea de jerarquías burocráticas. Fue mucho más tarde cuando me enteré de que Frowein no era el
único asesor de Goebbels y que había muchos más peces
gordos a su alrededor. El Ministerio de Propaganda estaba
dividido en muchos departamentos y había un montón de
jefes y delegados. Todo el mundo tenía una tarea asignada,
aunque fuera la de estar presente y escuchar. Cuando Goebbels se encontraba en Berlín, había una reunión de dos
horas todas las mañanas para analizar la situación. A esa
reunión también asistía Frowein, al que le habían asigna-

do ciertas tareas, y yo me encargaba de pasar los documentos a limpio. No recuerdo muchos detalles, por desgracia, pero sé que redactaron muchos decretos. Algunos documentos ni siquiera me los dejaban copiar, sobre todo los concernientes a los juicios contra enemigos del Reich, como los miembros de la Rosa Blanca[3] o los autores del atentado del 20 de julio. Hubo unos cuantos procesos similares. Pero lo que más trabajo nos daba era el día a día y la organización de la vida civil en tiempos de guerra. Era un tema sobre el que teníamos que escribir continuamente.

Los casos de la resistencia no trascendían. De la Rosa Blanca, por ejemplo, se habló bien poco. No recuerdo cómo vendieron toda aquella historia de Múnich, pero a nosotros nos afectó mucho porque eran todos jóvenes y nos parecía una crueldad ejecutarlos de aquella manera tras un juicio sumarísimo. Todo el mundo lo lamentó, de eso estoy segura. La mayoría pensaba que lo de aquellos muchachos había sido una insensatez, un disparate, y que habrían seguido con vida de haberse callado la boca.

Era atroz. Había que ir con pies de plomo para hablar de estos temas, eran muy pocos los amigos en quienes podías confiar. Y con ellos llegábamos casi siempre a la misma conclusión: ¿qué íbamos a hacer? No había remedio. Y tampoco había mucho tiempo para reflexionar porque,

3. Rosa Blanca es el nombre de un movimiento de resistencia pacífica contra el nazismo que organizó un grupo de estudiantes cristianos en julio de 1942. Duró hasta 1943, al ser detenidos sus principales miembros cuando difundían folletos de propaganda en la Universidad de Múnich. Fueron condenados a muerte y ejecutados en la guillotina. *(N. de los T.)*

antes de pensar en las repercusiones, ya los habían ejecutado. Por un papelito de mierda, además, por una octavilla. La sentencia nos pareció aterradora. Hoy lo veo de otra manera, claro, aquellos jóvenes que no dejaron de creer en la victoria del bien me llenan de admiración. La gente hace lo que puede y ellos hicieron su aportación.

Ahora siento muchísimo respeto por aquella gente. Pero sé que, si hubieran sido amigos míos, habría hecho todo lo que estuviera en mis manos para lograr que desistieran de sus propósitos. A mí siempre me faltó esa clase de valentía. Si hubiera formado parte de un círculo así... Pero eso no habría ocurrido, me faltaban agallas. Por mucho idealismo que hubiera en mí, que lo había, no era suficiente para acometer una empresa de esas características. Por eso me costó tanto entender lo que habían hecho.

Hubo varios casos similares que nos dejaron a todos de piedra. Y de unos cuantos de ellos el mundo no llegó a tener noticia. Bastaba una bromita poco afortunada sobre el Führer para que te arrestaran y te pegaran un tiro. Eran cosas que te dejaban sin palabras. Y si la víctima era un conocido, te sentías incluso peor.

El caso de la Rosa Blanca fue distinto. Nunca he sido creyente, aunque me bautizaron y me confirmé, como era costumbre en aquellos años. De haberlo sido, habría perdido mi fe al ver lo que hacían en nombre del Señor. Yo no podía oponer la menor resistencia, soy cobarde por naturaleza y no valgo para la rebeldía. No habría podido reunir el valor necesario, me habría quedado paralizada pensando «no puedo, no puedo». Soy una cobarde, sí, lo confieso. Es algo que dejo siempre bien clarito cuando viene alguien y me dice: «Yo habría encontrado el modo de oponerme al régimen». Mentira, era imposible. Y aquel que, pese a todo, osaba plantarles cara lo pagaba con su vida. Los hechos me dan la razón. No podías negarte a nada y, si lo hacías, te jugabas el pellejo. Sobran los ejemplos.

Poco a poco la tortilla de la guerra se dio la vuelta. Cada vez eran menos los periodistas que volvían del frente. Eso lo sabíamos, aunque no fuéramos del todo conscientes de ello. Fue a posteriori cuando comprendimos la verdadera magnitud del desastre. Pero en el momento en que lo vivíamos no nos percatamos del rumbo que iban tomando las cosas ni de la gravedad de ciertos crímenes, como la persecución de los judíos.

Además, de esa persecución en particular sabías más o menos detalles según el círculo en que te movieras. Yo, que no conocía a muchos judíos aparte de algún vecino o cliente de mi padre, apenas reparé en ello.

La única judía con la que tenía verdadera amistad era Eva Löwenthal. Eva venía de una familia muy pobre y ya había padecido lo suyo en los años previos al nazismo. Ahora se las apañaba como podía para sobrevivir.

Un día me enteré de que estaba enferma y fui a verla. Recuerdo que su casa estaba prácticamente vacía, desnuda de muebles y armarios. Solo les quedaba una mesa y un par de sillas. Era muy raro. Eva no tenía trabajo fijo, pero ganaba algún dinerito escribiendo folletines. Escribía muy bien sobre ciertos temas, pero sus artículos serios los vendía de uvas a peras a los periódicos más liberales. Le comprarían un artículo cada dos meses, como mucho, y a su familia no le alcanzaba con eso. Además, Eva era muy egoísta y se gastaba todo el dinero en cigarrillos en vez de comprar comida a sus padres.

En 1942 me enteré de que Eva y su familia se habían mudado al barrio de Friedenau. La fui a ver allí una última vez. Para entonces la familia entera vivía en un piso de una sola pieza: Eva, sus padres y su hermana mayor, que se dedicaba a la venta ambulante de aspiradores. Los cuatro se hacinaban en aquel cuarto, con el sitio justo para dormir. «Válgame Dios —pensé—, ¡qué horror!» Eva me comentó que le habían ofrecido un trabajo de jardinería en el ayuntamiento o algo así, pero ella lo había rechazado o no se había presentado, y habían dejado de pagarle el subsidio. Dejaron que se murieran de hambre, vamos.

Su familia siempre había sido muy humilde, por eso cuidábamos un poco de Eva entre todos. Cuando salíamos a tomar unas cervezas siempre la invitábamos.

Recuerdo que venía a verme cuando aún trabajaba en la radio. Era una chica muy guapa, menuda y esbelta, con el pelo rojizo y unos ojos preciosos. Y una napia muy judía, eso sí. Me visitaba a menudo cuando yo trabajaba en el noticiario. Como no tenía dinero, se pasaba el día paseando por Berlín y a veces se le ocurría hacerme una visita y se acercaba a la Masurenallee. A los reporteros les caía bien porque era una chica divertida y muy aguda. Se lo pasaban en grande con ella. Pero siempre había alguno que me decía luego: «Oye, esa amiga tuya sí que es judía, ¿no?». «Bueno —les decía—, algo de eso debe de tener.» En realidad era judía de pura cepa, yo lo sabía porque conocía a sus padres. Más judía, imposible.

Seguí visitándola incluso después de que me trasladaran al Ministerio de Propaganda en 1942. Su familia vivía en unas condiciones tan precarias que después de verlos me avergonzaba de haberles llevado cigarrillos. Más me habría valido llevarles una barra de pan. Un día coincidimos en el autobús y me dijo que le apetecía pasarse por la radio. Le dije que eso ya no era posible porque ahora trabajaba en la Wilhelmstrasse, con Goebbels, y que mejor que no viniera. «¡Cielos! —exclamó— Allí no pienso ir, no te apures.» Eso debió de ser en 1942 porque aún no la habían deportado.[4]

Eva seguía viniendo a casa algún día y a mi madre no le importaba darle un poco de pan porque sabía que no tenía de qué vivir. Pero siempre había estado a la cuarta pregunta y nunca se nos ocurrió que estuviera en peligro por razones políticas. En casa seguíamos viviendo despreocupadamente. Y al principio no podíamos quejarnos, porque teníamos ingresos suficientes. No es que fuéramos ricos, pero nos alcanzaba para algún que otro capricho y eso nos mantenía ocupados. Los que padecían a nuestro alrededor no nos quitaban el sueño. Hoy es igual, la gente tampoco se pasa el día pensando en los pobres sirios que han perdido sus hogares y ahora se ahogan en el mar. ¿Quién podría pensar en algo así a todas horas? Cuando veo las noticias pienso que no puede ser, que es imposible

---

4. Entre octubre de 1941 y finales de marzo de 1945 fueron deportados 50.000 judíos berlineses. Cuando el ministro de Propaganda se suicidó, en mayo de 1945, de los 160.000 judíos que residían en Berlín al inicio de la dictadura nazi, solo quedaban 8.000. El último tren de la muerte salió hacia Theresienstadt el 27 de marzo de 1945, seis semanas antes de la caída del Reich.

que la historia se repita. Pero sí es posible. Y se repetirá de nuevo dentro de cien años, como lo ha hecho desde que el mundo es mundo. Es la condición humana.

Pasó mucho tiempo antes de que perdiéramos a Eva de vista. Y nunca comentamos con ella su situación. De aquellos asuntos no hablábamos con ella. En nuestro barrio aún era infrecuente que los judíos desapareciesen, aunque no tardaría en ser algo habitual.

Jamás vi un solo convoy de judíos. Dicen que pasaban camionetas cargadas de judíos por las calles de Berlín, y no voy a negarlo. Lo único que digo es que yo no las vi. Y que en Steglitz, que estaba en las afueras, no las hubo. Antes del 33 tampoco había visto pasar los furgones de los comunistas del Rotfrontkämpferbund.[5] No era algo habitual en aquella zona de Berlín, eso es todo. Era un barrio refractario a la política y así vivíamos también sus vecinos, ajenos a todo.

Eva desapareció de un día para otro.[6] No pudimos hacer nada para impedirlo. Decían que habían ido a buscarla y se la habían llevado, pero pensamos que la habrían mandado a repoblar las granjas desocupadas del Este. Peor es la guerra, nos dijimos. En un campo de concentración al menos estará a salvo. Eso pensamos. No teníamos ni idea de lo que estaba ocurriendo allí.

---

5. Organización paramilitar del Partido Comunista Alemán. *(N. de los T.)*

6. Eva Löwenthal fue deportada el día 8 de noviembre de 1943 en el convoy número 6 de Berlín a Auschwitz, donde fue asesinada a principios de 1945.

Tampoco es que quisiéramos averiguar hasta el último detalle, no era cuestión de sufrir innecesariamente. Bastantes angustias teníamos que pasar en casa, y el abastecimiento iba de mal en peor, aunque es cierto que en Berlín no podíamos quejarnos: no había de todo, pero la oferta de productos era decente. Había que renunciar a muchas cosas, eso sí. El café estaba racionado, por ejemplo, y no podías comprar todo el que querías como si fueras a una tienda. En los periódicos aparecía alguna que otra noticia sobre el éxodo judío. Supimos así que muchas personalidades, entre ellos varios escritores, habían huido de Alemania y que los habían dejado marchar sin más. Pero no fue hasta después de mi cautiverio cuando me enteré del exterminio a gran escala llevado a cabo a partir de 1943. No tuve de ello la menor noticia mientras trabajé en el Ministerio de Propaganda ni durante los años en que la Rosa Blanca estuvo activa. No teníamos acceso a los documentos sobre esos temas, los guardaban en la caja fuerte.

El trabajo en el ministerio estaba muy regulado y era más bien monótono. A veces nos pasábamos horas esperando sentados a que nos dieran algo que hacer. Allí convergía la información de todos los departamentos del ministerio y se preparaba para la ilustración del pueblo y la propaganda. Como la ilustración pública era necesaria en todos los ámbitos de la vida, la propaganda debía abarcar todo tipo de manifestaciones: la ciencia, el arte, el teatro, la ópera, el cine... Ni siquiera la forma de entretenimiento más simplona estaba exenta de control. Cada ámbito tenía asignado un consejero ministerial que dirigía a toda una pirámide jerárquica de empleados de distinto rango, en cuya base estábamos nosotras, las secretarias.

Mi trabajo era más bien irrelevante y no me gustaba nada. No hacía nada de provecho que permitiera acabar la jornada con satisfacción. En absoluto. Llegabas por la mañana y se te iban las horas escribiendo tonterías y contestando al teléfono. Cuando Goebbels recibía a algún actor para cantarle las cuarenta, nosotras nos enterábamos, por supuesto, pero disimulaban muy bien y luego apenas trascendía una sola noticia al público. Goebbels y sus asesores se callaban muchas cosas. Hay que pensar que el Ministerio de Propaganda controlaba además la radio y la prensa. No era como hoy, con todas esas fuentes de información. En aquellos años solo había una radio y todo lo que retransmitía debía llevar el visto bueno del ministerio. Muchos asuntos ni siquiera pasaban por nosotras, sino que se supervisaban sobre el terreno. Era imposible formarse una opinión discrepante. La única opción era escuchar emisoras extranjeras y eso estaba prohibido y penado con la muerte. Había quien corría el riesgo, pero sabía que podía costarle la vida. Yo no conocía a nadie que escuchara la radio extranjera. Tenía algún conocido que era contrario al régimen, sí, aunque conmigo iban todos con mucho cuidado. Todos desconfiábamos aunque nos tratásemos fuera del trabajo. No se podía bromear o contar el chiste más inocente. Hoy es todo muy distinto. Hace poco vi a un humorista cargar contra Seehofer, el político. En aquellos años algo así era impensable, nadie tenía agallas. Recuerdo que, en el cabaret donde actuaba, Werner Finck[7] soltaba sus buenas indirectas sobre los nazis. Y tuvo suerte, porque por tonterías similares se mandaba a la gente a la guillotina. Aparte de eso no veíamos a muchos famosos. Cuando venían era porque la habían liado de alguna manera. Durante un tiempo estuve sentada en la recepción del despacho ministerial, con sus puertas acristaladas, su alfombra y sus dos sillones. Aún puedo ver allí sentado a aquel actor, no recuerdo cómo se llamaba, esperando a mantener una conversación con Goebbels sobre alguna inconveniencia que había dicho. Todas pasamos por delante para echarle un vistazo y nos dio pena, porque sabíamos que iba a caerle una buena bronca. Bastaba con que alguien interceptara una carta y se la entregara a algún pez gordo para que se ejecutara a su autor. Eran cosas de las que te ibas enterando por casualidad, pero se te quedaban grabadas.

Las secretarias siempre sabíamos si el ministro estaba en su despacho. Antes de entrar o salir del ministerio pasaba un momento por la recepción, acompañado por uno o más de aquellos asesores que siempre llevaba a su lado. Nosotras nos poníamos en pie y nos quedábamos muy quietas junto a nuestros escritorios. Él nos saludaba con un «heil, Hitler», nosotras coreábamos un «heil, Hitler, señor ministro» y se marchaba. Goebbels pasaba mucho

7. Werner Paul Walther Finck (Görlitz, 1902- Múnich, 1982) fue un artista de cabaret, actor y escritor alemán. En 1935 fue arrestado e inhabilitado durante un año. Para evitar futuras detenciones se presentó como voluntario al servicio militar en 1939 y obtuvo la cruz de hierro de segunda clase y la medalla del Frente Oriental.

tiempo de viaje o en el cuartel general del Führer. A veces alguna secretaria le acompañaba en sus viajes, por si le hacía falta una mecanógrafa. Yo le acompañé una vez a Posen, en el tren rápido. Mientras él pronunciaba allí su discurso tuve que esperar en el vagón, por si las moscas. A veces sonaba un timbre mientras Goebbels estaba reunido. Entonces salía uno de sus ayudantes para buscar a una secretaria que pudiera tomar notas. Si me tocaba a mí, cogía un bloc y un lápiz y entraba. Goebbels, que solía estar conversando con alguien importante, me dictaba un par de cosas y me mandaba salir.

Pero esto sucedió en contadas ocasiones. Por lo general lo hablaba todo directamente con sus asesores, que trabajaban luego el material con los consejeros ministeriales u otros cargos inferiores. Solo entonces nos llegaba lo que fuese a nosotras, que trabajábamos sobre todo con sus asesores.

Goebbels era un hombre atractivo. No era muy alto, de hecho era bastante bajito y algún centímetro más no le habría venido mal. Pero se cuidaba mucho y lucía siempre un leve bronceado y llevaba trajes de calidad fabricados con los mejores tejidos. Recuerdo que llevaba las manos muy cuidadas, como si alguien le hiciera la manicura a diario. Iba siempre impecable, en cuestión de apariencia no había nada que objetar. Dicen que además era encantador y no me extrañaría, pero con nosotras nunca le hizo falta serlo. Para él formábamos parte del mobiliario, no creo que nos distinguiera de nuestros escritorios. No nos dedicó nunca una sonrisa ni nos preguntó jamás si era el cumpleaños de alguien cuando veía flores en algún escritorio, como suelen hacer los jefes que tratan de congeniar con sus empleados. De eso nada.

«Para Goebbels no somos más que máquinas de escribir», solía decirle yo a quien me preguntaba por él. No es que fuera un arrogante, pero a sus ojos estábamos desprovistas de sexo y de identidad. Nunca intentó ligar con ninguna de nosotras. Claro que andaba siempre rodeado de modelos y bellezones de cine y no le hacía ninguna falta recurrir a sus secretarias, que no éramos nada del otro mundo.

Una vez me senté a su lado en el teatro. Göring era el que estaba al frente del Teatro Nacional y de la Ópera y allí Goebbels no pintaba nada, pero tenía a su cargo teatros más pequeños como el Renaissance o la Komödie. Aquel día era su cumpleaños y decidió invitar a algunos amigos al teatro. Siempre elegía a dos de sus secretarias para acompañarle y se sentaba entre las dos. Pero ni fuimos en el mismo coche ni nos dirigió la palabra en toda la noche, se limitó a sentarse entre nosotras. Aun así, nos pareció un gran honor que nos hubiera elegido para una ocasión tan especial.

En comparación con las demás secretarias del Ministerio de Propaganda, yo era una recién llegada. La más veterana era la señorita Krüger, una viejita muy simpática. Sé que Goebbels la conocía por el nombre porque cuando necesitaba algo se dirigía a ella. A Krüger le teníamos mucho respeto porque había sido la primera secretaria ministerial. El ambiente en la oficina era muy agradable y esta estaba amueblada con muy buen gusto. A mí me gustaban en especial todas las alfombras de cada despacho, que eran auténticas, tal como nunca las había habido en mi casa. Eran cosas que me llamaban mucho la atención.

A pesar de la severidad del reglamento, no dejaban de circular rumores sobre los peces gordos del ministerio. Se decía que Goebbels tenía un idilio con una estrella de cine checa llamada Lída Baarová,[8] que le había robado el corazón. Y así debió de ser, porque se habló incluso de divorcio. Se decía que Hitler lo había impedido. Las hablillas eran constantes y no había manera de saber cuáles tenían alguna base real. Aunque no me extrañaría que aquella historia fuera verídica.

De Goebbels se decían muchísimas cosas, además de atribuírsele infinidad de amoríos. Seguro que los tuvo, aunque eso no tenía demasiada importancia. Cuando a un hombre casado y con hijos se le presenta la oportunidad de estar con una chica, ya se sabe... Ni era nada nuevo ni se le tenía en cuenta. Más bien al contrario: se bromeaba con el asunto. En las chanzas sobre Goebbels siempre había alguna mujer.

Mi relación con las demás secretarias era cordial, aunque nunca llegó a ser tan amistosa como las que tuve en la radio. Siempre estábamos dispuestas a echarnos una mano,

8. La actriz checa Lída Baarová (Praga, 1914-Salzburgo, 2000) fue amante de Joseph Goebbels. La relación trascendió muy temprano y Goebbels pensó seriamente en divorciarse, pero tuvo que descartar la idea por orden terminante de Hitler, que no quería interferencias políticas tras la anexión de los Sudetes. Además, la familia de Goebbels se publicitaba en todo el Reich como la más ejemplar del nacionalsocialismo.

pero guardábamos las distancias. Aun así, se trabajaba a gusto. Tampoco había otra cosa que hacer aparte de trabajar, y menos en Berlín. Todo estaba cerrado. No había ni teatro, ni conciertos ni cine.

Algún domingo, cuando tenía guardia, me encontraba con los hijos de Goebbels, que venían a recoger a su padre por la tarde para ir luego paseando a su mansión, vecina de la Puerta de Brandemburgo. Los niños eran muy monos y estaban muy bien educados, no como esos críos que corren por ahí hoy en día. Eran muy majos, te saludaban con simpatía, con verdadera reverencia. Tenían entre cinco y siete años y se alegraban mucho si les dirigías la palabra y les decías «¡qué vestido más bonito!» o algo así. Y se ponían locos de alegría cuando les preguntabas si querían escribir un poco a máquina. Eso les encantaba. Los sentabas delante de la máquina de escribir, les ponías un folio en blanco y: «Venga, escríbele una carta a papá. ¡Uy! Pero ¡qué bien lo haces!». No me parecía que se les diera un trato especial. La señora Goebbels y los niños vivían fuera de Berlín la mayor parte del tiempo y a ella tampoco le interesaba ser el foco de atención: daba la sensación de que cumplía con su papel de esposa de un alto mando, pero que aquello no acababa de ir con ella. Al menos esa es la impresión que a mí me daba. Me caía muy bien.

No es que pensáramos que el trabajo en el ministerio era un honor, pero, bueno, ¡al menos teníamos trabajo! En la radio ya tenía un buen sueldo, aunque en el ministerio me pagaban todavía más. Y no se nos deducía ni un céntimo, ni siquiera el seguro de empleados. Me quedé pasmada cuando recibí mi primera nómina: doscientos setenta marcos mensuales, un señor sueldo. Ninguna de mis amigas pasaba de los ciento cincuenta marcos, todas se morían de envidia. Y a eso había que sumar los dos suplementos ministeriales, que sumaban unos ciento diez marcos más, libres de impuestos. Vamos, que cobraba más en neto de lo que recibía antes en bruto. Por desgracia no me servía para nada, porque no había nada que comprar. Bueno, algún caprichito sí podía darme. Era una sensación muy agradable.

Mi costurera tenía contactos en Francia y a veces me llamaba y me decía: «Señorita Pomsel, tengo aquí una tela muy mona y con ella podría hacerle un vestido divino. Esta noche me paso por su casa». «¿Cuánto va a costar?», le preguntaba. Cuando me lo decía, yo saltaba: «¡Es carísimo! Pero qué más da, venga usted». Disfrutaba mucho de aquellos caprichos, a pesar de que eso tenía bien poco que ver con el ministerio. Era un extra, aunque no era lo que yo buscaba. Si tenías contactos también podías comprar una libra de mantequilla en el mercado negro por trescientos marcos o una botella de coñac por cincuenta. Había una filial de la radio en París y yo mantenía muy buena relación con algunos de los compañeros que trabajaban allí. Me traían regalos, perfumes y cosas por el estilo. En ese sentido no podía quejarme. Éramos en cierto modo la élite. Por eso me gustaba trabajar allí. El ambiente era agradable y mis compañeros eran muy simpáticos e iban impecables. Estaba en mi salsa. Es que en aquel entonces yo era muy superficial, muy boba.

Goebbels no se rodeaba únicamente de nazis fanáticos, ni mucho menos. Hasta el señor Frowein, su asesor personal, para quien trabajé al principio, dejaba caer de vez en cuando alguna indirecta al respecto. Y que lo hiciera en mi presencia era una grandísima muestra de confianza. Si Frowein trabajaba en el ministerio era sobre todo para poder quedarse en Berlín con su nueva familia, lo que no dejaba de ser una forma de egoísmo. En cualquier caso, no era de los que estaban a todas horas con el brazo en alto. Yo le caía bien, como persona y como colaboradora, seguramente porque intuía que yo tampoco era una nazi. No hablamos nunca de ello, aunque eran cosas que se sabían. Conmigo tenía muy buena relación, pero no era así con el resto. Muchos le tenían manía porque en su trabajo era muy exigente: todo tenía que estar listo para anteayer y prácticamente había que adivinar lo que quería que hiciéramos. Yo acepté su forma de trabajar y nos entendimos de maravilla.

Cuando le asignaban una tarea incómoda, su cara lo decía todo. No era un nazi convencido, en absoluto.

Por algún motivo el director del departamento de cinematografía perdió el favor de Goebbels y fue defenestrado. El elegido para sustituirle fue Frowein, que de un día para otro ascendió de aquel puesto más o menos insignificante de secretario al de director del departamento de cinematografía y pudo escapar así de los aires de oficina que se respiraban en la Wilhelmplatz. Se fue a vivir a Babelsberg, en Potsdam, donde la Universum Film tenía sus estudios. Antes de marcharse me preguntó si quería acompañarle. «¡Claro que sí!», le dije, sin pensármelo dos veces. Frowein habló entonces con su superior, el secretario de Estado Naumann, delegado de Goebbels, para solicitar mi traslado a Babelsberg. «¡De eso ni hablar! —le dijo Naumann—. Pomsel se queda donde está, no se puede ir.» Solicitud denegada. Así que el señor Frowein tomó posesión de su nuevo cargo y a mí me asignaron al secretariado del señor Naumann, el mismo que me había repudiado al principio. Supongo que yo era muy eficiente en aquella época. Y es una manera de hablar, porque eficientes lo éramos todas. No sé por qué me eligieron a mí. El caso es que tuve que quedarme.

El señor Naumann era un hombre casado y con hijos, y tampoco era fiel a su mujer. Durante una temporada trabajó en la recepción del despacho ministerial una secretaria que nos caía mal a todas. Naumann solía invitarla a su casa los domingos por la tarde. Luego ella nos contó que el tipo tenía una segunda residencia junto al lago Wannsee y a veces la sacaba a pasear en barca. Seguro que se acostaban porque era una mujer de bandera, alta y delgada. A nosotras nos caía fatal. Al cabo de unas semanas la despidieron.

Por aquella época, en 1943, hubo un bombardeo espantoso sobre Berlín.[9] El blanco del ataque fue nuestro precioso barrio de Südende, que quedó completamente devastado. Yo estaba sola en casa cuando empezó. Me habían invitado a cenar y llevaba puesto un vestido de seda francesa. Nada más volver a casa empezaron a sonar las sirenas, así que cogí mis cosas y bajé corriendo al sótano. Teníamos siempre a mano una cesta con todo lo necesario y encima había un montón de medias. No eran pantis, creo que de eso aún no había, sino medias de seda de las que se te llenaban de carreras. Yo tenía mucha mano para arreglarlas con un instrumento de madera especial. Empecé

9. El barrio berlinés de Südende fue destruido casi por completo durante los ataques aéreos de los aliados. El bombardeo decisivo lo llevó a cabo la RAF la noche del 23 al 24 de agosto de 1943.

con las mías, luego me tocó zurcir las de mi madre, pasé a las de mis amigas y acabé zurciendo las medias de las amigas de mis amigas. «¿No te importaría darles un repaso?» A cambio me daban a veces una tableta de chocolate, si es que les quedaba alguna. El chocolate era un bien escaso. Así que siempre tenía un montón de medias encima de la cesta y, cuando sonaban las sirenas, cogía mi bolso y la cesta y bajaba al sótano. Allí me quedaba esperando junto a las amas de casa, que pasaban el rato limpiando verduras, zurciendo jerséis y dándose palique entre ellas.

Aquel día hice lo mismo de siempre. Agarré la cesta y bajé con mi vestido de seda porque estaban sonando las sirenas y tenía que darme prisa, se oían unos ruidos alarmantes. Entonces hubo un bombardeo larguísimo, atroz, el peor que habíamos vivido hasta la fecha. Habían caído algunas bombas en otras partes de Berlín y en la Bayrischer Platz había varios edificios en ruinas, pero nunca habíamos sufrido un ataque tan prolongado, tan próximo y ensordecedor. Fue horrible, de verdad. En el sótano, la gente interrumpió toda actividad. Nos quedamos sentados, temblando de miedo, pensando que nos había llegado la hora. De pronto entró alguien gritando que su casa estaba en llamas. Como cualquier otro edificio, el nuestro disponía de un guarda de defensa antiaérea, que era el encargado de que en todas las plantas hubiera cubos de agua. Todo tenía que estar preparado para una acción de salvamento inmediata. En nuestro caso, la responsable era una mujer muy amable de unos treinta años que tenía a su marido en el frente. La guarda subió enseguida y los demás nos quedamos a esperarla abajo. No tardó en regresar. «Está todo en llamas —nos dijo—, nuestro edificio también. Pero tal vez podamos apagar el fuego.» Subieron todos los que pudieron para sofocar el incendio. Yo también me dispuse a hacerlo. En el sótano la gran mayoría éramos mujeres, aunque siempre había algún hombre. La guarda echó un vistazo para ver qué personas estaban disponibles pero, al mirarme a mí, me dijo: «Será mejor que usted se quede aquí». Supongo que no me veía capaz, porque había que subir cuatro pisos. Así que me quedé en el sótano mientras otros vecinos intentaban apagar el fuego con cubos de agua. Llegaron demasiado tarde: la casa ardía despacio pero sin remedio. Al ver que era inútil hacer nada, volvieron al sótano.

Recuerdo que, antes de subir, la guarda de defensa antiaérea se quitó el reloj de oro y me lo dio. «Será mejor que usted se quede aquí y me guarde el reloj», me dijo. Me lo metí en el bolso.

Poco a poco los voluntarios fueron bajando. «¡No hay manera de apagarlo! ¡Tenemos que salir de aquí!» El sótano se estaba llenando de humo, apenas podíamos respirar y estábamos cercados por las llamas. «¡Hay que salir del sótano!» De pronto entraron unos hombres, no sé si serían policías, bomberos o guardas de defensa antiaérea profesionales, no me acuerdo. El caso es que lograron entrar y nos sacaron a la calle, llevando a cuestas a los que no podían caminar. Yo no solté la cesta, pero en cierto momento vi que había perdido el bolso, que llevaba encima de la cesta. Allí guardaba las cartillas de racionamiento, que era lo más valioso que cabía imaginar. Perderlas era como perder hoy el pasaporte y no poder hacerse un duplicado. Sin esas cartillas no te daban ni un mendrugo de pan, era una tragedia.

Nos llevaron a otro sótano en el que me costó conciliar el sueño y a la mañana siguiente nos comunicaron por megafonía que los vecinos de mi calle debíamos reunirnos en el parque de Steglitz, que al parecer seguía intacto. Así que fuimos todos para allá y la Cruz Roja nos dio una sopa. Yo había perdido todos mis objetos de valor, el dinero y todo lo demás: no tenía con qué hacer cantar a un ciego. ¿A quién podía acudir? Mis amigas también tenían que soportar los bombardeos y ya no quedaba nadie que pensara en los demás. Cada palo aguantaba su vela. Tengo que ir a la oficina, pensé. Allí por lo menos me conocen. Tengo que llegar a la oficina como sea. Y me fui a pie, porque los transportes públicos estaban paralizados. Así que me presenté en la oficina. Nadie tenía ni idea de lo que había pasado, aunque se decía que la zona de Steglitz, Südende y Lankwitz había quedado muy malparada y, al ver que llegaba tarde, habían pensado: «Ojalá que no le haya pasado nada a Pomsel, que vive en Steglitz».

Y allí me tenían, por fin, con mi traje de noche. Al verme tan arreglada y con la cesta bajo el brazo se echaron a reír, pero luego cayeron en la cuenta de lo que ocurría y callaron. Lo que ocurrió a continuación me dejó muy conmovida. Todos me ofrecieron su ayuda, fueron amabilísimos. Y luego sucedió algo que recuerdo con especial cariño: mientras estaba allí plantada como una infeliz, recién salida de un bombardeo, entró la secretaria de la señora Goebbels, que también tenía un despacho en el ministerio, aunque no la veíamos nunca y apenas la conocíamos. Al parecer, después le comentó a la señora Goebbels que había visto a una damnificada de los bombardeos y le habló de aquella muchacha desdichada, compañera suya, que había venido al trabajo vestida de fiesta. «¿No tenía otra cosa que ponerse?», le preguntó la señora Goebbels. «¿De dónde lo iba a sacar? ¡Si anoche se incendió su casa!» Entonces la señora Goebbels abrió su armario. «¿Se le puede echar una mano de alguna manera? —le preguntó, sacando del armario un traje azul—. ¿Le gustaría una cosa así, por ejemplo?» «Es muy pequeña, no le vale cualquier vestido», le dijo su secretaria. «Pues a lo mejor este le queda bien, y si no, que se lo arreglen», le dijo.

La secretaria me trajo el vestido, al día siguiente lo llevé al sastre y a partir de entonces fui a todas partes de punta en blanco. Nunca había tenido un traje como aquel, era de una lana azul preciosa, con forro de seda blanca. Magnífico. Lo llevé muchísimo. La chaqueta me quedaba como un guante, solo tuve que acortar la falda. Mi madre me lo guardó durante toda la guerra. Hasta me sacaron una foto con aquel traje cuando salí del cautiverio y la chaqueta aún me iba bien. Aguantó lo suyo, aquel traje. Sobrevivió a su primera dueña.

Nosotros fuimos los primeros damnificados por los bombardeos, que en 1943 no habían hecho más que empezar. Recuerdo que muchos días tenía que quedarme en el trabajo hasta las ocho de la tarde y a las siete ya sonaban las sirenas, con lo que no se podía salir a la calle. El cese de la alarma no solía llegar antes de las diez o doce de la noche y a esas alturas ya no había forma de volver a casa. En la oficina había unos sillones muy cómodos y juntando dos se dormía bien. Dormíamos allí a menudo, no teníamos otra opción.

Cuando llegaban los bombarderos también había que asegurar el pisito privado que Goebbels tenía en el ministerio, alejado de todo el ajetreo ordinario de la propaganda y la ilustración pública. Con el aumento de los ataques aéreos se abrió aquella zona privada, porque la secretaria de turno tenía que asegurarlo todo. Era un edificio antiguo y teníamos que abrir las ventanas para bajar las persianas de defensa antiaérea. Había unas persianas especiales que no dejaban entrar ni un hilo de luz. Además, había que llenar de agua todas las pilas y bañeras disponibles para tener con qué apagar el fuego, llegado el caso. Eso también teníamos que hacerlo en el piso de Goebbels. Era muy bonito, con unas alfombras preciosas, una cocinita, un pequeño salón muy elegante y un baño con una bañera enorme. Teníamos que llenar la bañera y preparar las ventanas y, cuando pasaba el susto, dejarlo como lo habíamos encontrado. A veces nos atrevíamos a sentarnos en las sillas, que estaban tapizadas con una tela preciosa de muaré, a la última moda. Dicen que allí habían transcurrido los amoríos del señor Goebbels con aquella actriz checa, Lída Baarová. Más tarde, después de la guerra, vi una película suya en la que hablaba de su idilio con Goebbels. Parece que lo quiso de verdad.

No me sorprendería que el señor Goebbels también tuviera momentos en los que pensara: «¡A la mierda con todo este rollo! Más me valdría dejarlo y mudarme con esta belleza».

El ambiente en el Ministerio de Propaganda y en todo el país estaba a punto de cambiar de forma drástica. Los problemas de abastecimiento iban de mal en peor y la moral de la gente estaba por los suelos. El cambio vino tras la Batalla de Stalingrado, en la que el ejército alemán fue derrotado. También se dejó notar en el ministerio, tras unos

88 MI VIDA CON GOEBBELS

meses maravillosos. Superadas mis dudas iniciales, me había encontrado muy a gusto en mitad de aquel barullo, rodeada de muebles preciosos y colegas encantadores. Pero del despreocupado ambiente inicial no quedaba ni rastro. Desde arriba intentaron restar importancia a la derrota de Stalingrado, como si se tratara de un percance menor, aunque no coló.

Entonces la guerra se puso fea y Goebbels empezó a pasar más tiempo cojeando por su despacho del ministerio. No podía disimular su cojera. Entonces no había tantos avances como hoy. Ahora seguro que hay formas de disimularla, pero él no podía esconderla. Por muy caro que fuese el traje que llevaba, en cuanto se levantaba, se le notaba. Nos daba un poco de pena. Sin embargo, él sabía compensar su invalidez con una arrogancia y una seguridad pasmosas. Creo que en el pasado su aspecto era lamentable, con aquella gorra con la que sale en varias fotos subido a un camión haciendo propaganda de Hitler. Pero en la época del ministerio era todo un caballero. Nunca le vi perder los papeles. Y eso que recibía a mucha gente y supongo que las discusiones a veces eran encendidas. Solo una vez lo oí crispado. Recuerdo que todos dijimos: «Se ha puesto a gritar». Le había gritado a alguien, no podíamos creérnoslo. Pero esa fue la única vez, no se repitió. Era un hombre muy contenido.

También hubo anécdotas disparatadas, como cuando a alguien se le ocurrió mandar al perro de Goebbels a Venecia, tras su dueño. Goebbels había ido a visitar la bienal con su mujer y se quedaron allí un par de días más. Por lo visto, algún trepa oyó algo y nos llamó a la oficina para comunicarnos que el señor ministro deseaba tener a su perro en Venecia. «¿Se han vuelto locos? —pensamos—. ¿Mandar a un perro en avión a Venecia? Mira que preocuparse por estas memeces en plena guerra...» Estábamos indignados. Así que le encargaron a alguien organizar el vuelo del perro a Venecia. El animal no podía viajar solo, alguien iba a tener que acompañarlo. Cada día alguno de los jefes de prensa volaba a Venecia con las últimas noticias del extranjero para que el señor ministro estuviera al tanto, y aquella vez le tocaba al señor Schirmeister,[10] uno de sus asesores. «Mañana se llevará con usted el perro de Goebbels —le dijeron—. El señor ministro desea estar con él.» «De eso ni hablar —dijo el señor Schirmeister—. Me opongo categóricamente a volar con un perro.» Era un señor mayor y un poco susceptible, y aquel encargo le parecía una afrenta. Pero sus protestas no surtieron efecto: al llegar al aeropuerto le entregaron el perro y los dos volaron juntos a Venecia. El recibimiento no fue muy caluroso. Según tengo entendido, Goebbels montó en cólera y quiso saber a qué idiota se le había ocurrido mandarle en avión a un animal tan delicado. Era un perrote grande y hermoso, pero muy asustadizo: reculaba en cuanto uno se le acercaba. Estaría muy mimado, digo yo.

Qué historia más rara la de aquel perro. Así que nada, tuvieron que mandarlo de vuelta a Berlín. ¡Y eso que llevábamos ya tres años en guerra! Goebbels montó una es-

---

10. El periodista Konstantin von Schirmeister (Mülhausen, actualmente Mulhouse, 1901-ca. 1946) fue funcionario público entre 1933 y 1945 y colaboró estrechamente con Joseph Goebbels en el Ministerio del Reich para la Ilustración Pública y Propaganda.

cena tremenda, pero a nosotros nos pareció graciosísimo. Nos tronchamos de risa.

La verdadera cara de Goebbels la fui descubriendo poco a poco. Aún recuerdo, por ejemplo, el famoso discurso de la «guerra total» que dio en el Palacio de los Deportes.[11] Sabía que Goebbels iba a dar un discurso por la tarde. Para entonces todos los actos se celebraban a primera hora de la tarde, porque a las seis y media sonaban las sirenas, se acercaran aviones aliados o no. Aunque casi siempre acababan por llegar, la verdad: las falsas alarmas eran contadas. El caso es que ya no se organizaba nada por la noche, ni siquiera abría el cine o el teatro, todo se hacía más temprano. El caso es que el señor Goebbels iba a dar un discurso en el Palacio de los Deportes y tenían que acompañarle dos secretarias. Cuando preguntamos por qué, la respuesta fue: «No lo sé, quiere que vayan dos». Nos miramos para decidir quién iría, pero ninguna se ofreció voluntaria. La señora Krüger era la más veterana y estaba dispensada. Al final nos tocó a mí y a una colega muy jovencita.

La cosa empezó bien: nos recogió un hombre de las SS con un Mercedes de relumbrón para acercarnos al Palacio de los Deportes, en la Potsdamer Strasse. Nos dieron unos asientos buenísimos en un palco junto a la tribuna. La sala estaba ya a rebosar de trabajadores a los que ha-

---

11. El 18 de febrero de 1943 Joseph Goebbels pronunció en el Palacio de los Deportes de Berlín el discurso en el que hizo su famoso llamamiento a la guerra total. Duró 109 minutos y hoy se considera un ejemplo paradigmático de propaganda nacionalsocialista.

bían convocado para la ocasión. Solían ir a las fábricas a reclutar asistentes con los que llenar aquellos actos a los que nadie quería ir. A nadie le apetecía, y menos a esas horas. Así que elegían a dedo al público y lo sacaban de las fábricas para que participara en un mitin del Palacio de los Deportes. Recuerdo que en la tercera fila estaba sentado el actor Heinrich George, el padre del también actor Götz George.

Nada más sentarnos empezó la función. Detrás teníamos a la señora Goebbels con dos de sus hijos y, a ambos lados, a varios hombres de las SS. Podría decirse que era la tribuna de la élite. Primero sonó algo de música, una marcha militar al uso, con coro y toda la parafernalia. Y luego salió Goebbels y soltó su discurso. Era un orador buenísimo, muy convincente, pero aquel discurso fue un verdadero arrebato, un arrebato de locura. Como si dijera: por mí podéis hacer lo que os dé la gana. Y entonces, como si una avispa hubiera picado a cada uno de los oyentes, el público se volvió loco y empezó a gritar y patalear. Se hubieran arrancado los brazos encantados. El estruendo fue insoportable.

A mi lado, mi compañera se estrujaba las manos. A las dos se nos cortó la respiración de puro terror. No tanto por Goebbels ni por la reacción del público, sino por la mera posibilidad de aquel delirio común. Ninguna de las dos formábamos parte de aquella masa, éramos meras espectadoras. Puede que las únicas, vaya usted a saber.

Dudo que el propio Goebbels supiera lo que estaba diciendo. No podría describir con palabras cómo consiguió que cientos de personas llegaran al extremo de levantarse de sus asientos como un solo hombre y gritar de júbilo. El cómo no lo sabía ni él, creo yo, pero lo consiguió. Recuerdo que mi colega y yo nos quedamos de una pieza, cogidas de la mano, atónitas. Detrás teníamos a un hombre de las SS que nos tocó el hombro y nos dijo que al menos podíamos aplaudir, como lo hacía todo el mundo. Obedecimos, por supuesto, y aplaudimos con entusiasmo. No había otra opción. Si te ordenaban aplaudir tenías que hacerlo: no podías quedarte al margen. Así que aplaudimos con el resto del público, como ebrias, con la vaga sensación de que habíamos presenciado algo horrible.

Cuando el público acabó de desahogarse, el acto terminó. No sé, tengo la sensación de que si alguien se hubiera negado a participar en aquel delirio, sus propios vecinos de platea lo habrían linchado.

Jamás en mi vida había visto algo parecido. No es que los espectadores estuvieran embargados de emoción, sino que no eran muy conscientes de lo que hacían. «¿Queréis la guerra total?» «¡Sí!» Y era un sí inequívoco. El mismo hombre de las SS que nos había acercado al Palacio de los Deportes nos llevó de vuelta a casa, horrorizadas aún por el espectáculo al que acabábamos de asistir. Ni siquiera habíamos captado el contenido del discurso, lo que nos impactó fue ver a la gente tan enloquecida. Yo creo que ellos tampoco sabían qué mosca les había picado. Parecía un fenómeno de la naturaleza. No tenían manera de resistirse a aquel impulso. Y lo mismo debió de pasarle a Goebbels, que no parecía ser muy consciente del delirio que había desatado. Igual que la llamita que no es consciente del incendio que es capaz de provocar. Aquella masa enloquecida, qué barbaridad... Lo mismo podrían haberse abalanzado sobre él para hacerlo pedazos.

Hasta entonces no habíamos visto aquella otra cara de Goebbels, porque nunca asistíamos a las asambleas.

Nos quedamos boquiabiertas. Era completamente distinto al personaje que conocíamos. Aunque ahí quedó el asunto: nos quedamos de piedra, pero no le dimos más vueltas. De alguna manera asimilamos aquello. Éramos jóvenes, ¡santo Dios!, no reflexionábamos tanto. La reflexión llegó más adelante, cuando ya era tarde. Entonces no éramos conscientes de lo que estaba ocurriendo. Ahora, con la de años que han pasado y lo que ha llovido desde entonces, lo veo de otra manera: me parece algo mucho más grave, mucho más siniestro. Parece increíble que un solo individuo fuese capaz de conseguir que cientos de personas se desgañitaran de aquella manera: «¡Sí, queremos la guerra total!». Si se lo cuentas hoy a alguien, seguro que no te cree. Te preguntará si estaban borrachos. No es normal que la gente pierda la cabeza así, de sopetón. Pero el público no tenía alternativa, el hombre de la tribuna los tenía a todos hechizados.

En fin, seguro que la ciencia y la psicología han tratado de explicar cómo suceden estas cosas. Pero hoy, cuando pienso en ello, sigo haciéndome cruces. ¿Cómo es posible que aquel discurso nos impactara de aquella manera? La gente no gritaba porque se lo hubieran ordenado o les hubieran dicho: «Ahora iréis a la asamblea y os pondréis todos a gritar». No, gritaban porque creían de corazón en lo que les estaban contando. Lo mismo debió de suceder con Jesucristo, supongo. Habrá teorías que explican por qué las personas fundidas en la masa actúan de una manera determinada. Y si luego les pidieran explicaciones, se asustarían de sí mismos.

Sobre Goebbels solo puedo añadir que era un excelente actor. De primera. Poca gente podría interpretar mejor aquella mutación de hombre educado y sereno a matón vociferante y vulgar. Estaba irreconocible. Fue eso lo que más nos chocó de aquel discurso del Palacio de los Deportes. Nos dejó pasmadas. Estábamos habituadas al hombre pulcro y elegante que veíamos a diario, y de pronto nos encontramos ante un enano rabioso... No podía haber mayor contraste.

Lo encontré repugnante, aterrador, aunque con el tiempo aquella sensación fue diluyéndose. Sin embargo, Goebbels nunca me entusiasmó como persona. Ni siquiera más tarde, cuando volvió a ser el hombre amable que pasaba de largo por la oficina. Seguían retumbándome en los oídos los alaridos del Palacio de los Deportes y encontraba insoportable que con nosotras se las diera de hombre campechano, blando y elegante.

Al poco tiempo Goebbels nos invitó a comer a todas las secretarias. Alguien le comentó que a veces teníamos que pasar la noche en el ministerio por culpa de los parones del transporte público durante los ataques aéreos y le sugirió que tuviera un detalle con nosotras. Así que nos prometieron que el ministro en persona nos invitaría a cenar, pero no a todas de golpe, sino de dos en dos.

Las dos primeras invitadas volvieron emocionadas. «Nos recogieron en la oficina y nos llevaron en coche a la isla de Schwanenwerder —nos contaron—. También asistió la señora Goebbels y la cena estuvo de fábula.» La comida no era nada del otro mundo, nos dijeron, porque estábamos en guerra y a Goebbels le gustaba predicar con el ejemplo, sin darse muchos lujos. Pero había sido una velada maravillosa. «Cuando os llegue el turno os va a encantar, ya veréis», nos dijeron.

Pasaron dos semanas hasta que me toco a mí y la verdad es que fui muy ilusionada. Empezó tal y como nos habían contado: nos recogió una limusina y un hombre de las SS nos llevó a Schwanenwerder, cerca de Wannsee. Entramos y nos dirigimos al comedor, donde habían preparado una gran mesa. En la sala habría unas veinte personas, entre jefes de circunscripción territoriales y delegados. A algunos los conocíamos de verlos por el ministerio o por haber trabajado con ellos.

No estábamos a solas con Goebbels, ni mucho menos. Éramos un montón de comensales. Cuando él entró nos dio la mano a cada uno y tomamos asiento. A mí me tocó sentarme a su derecha y me sentí muy honrada por ello.

Durante la comida no me dirigió la palabra más que para comentar detalles irrelevantes. La comida fue deliciosa. Creo que sirvieron ganso, que entonces era lo nunca visto. El señor ministro dirigía la conversación y hablaba para el resto de los invitados, que apenas intervinieron. Él comió poco y rápido, al igual que los demás. Yo estaba avisada: «No te demores con la comida. Cuando Goebbels baje los cubiertos no se puede comer más. Hay que darse prisa con lo que te ponen para poder comer algo». Y eso hice.

Luego sirvieron el postre y la conversación derivó hacia la política y los bombardeos. Goebbels solo habló conmigo de banalidades, no se interesó ni pizca por mi vida privada. No me preguntó cuánto tiempo llevaba en el ministerio o si estaba casada, si tenía familia o un marido en el frente. Nada de eso, ni una pregunta personal. Tampoco estaba la señora Goebbels y su ausencia se notó mucho, pues ella le habría puesto a la cena un poco de chispa con su encanto. Se la echó en falta durante la cena, me tocó un mal día. Al acabar nos invitaron a un salón colindante donde se proyectó una tontería de película que acababa de estrenarse. La vimos, nos sirvieron un moca o algo por el estilo y apareció el hombre de las SS que nos llevó de vuelta a la ciudad. Mi compañera y yo acabamos muy decepcionadas.

Al salir del campo me preguntaron infinidad de veces por los documentos que pasaban por mis manos. Como administrativas solíamos trabajar en asuntos irrelevantes y teníamos más bien poco que hacer. Hablábamos mucho por teléfono, pero eran minucias como las hay en cualquier empresa. No había manera de saber qué había detrás.

Tampoco me contaron nunca lo que decían en aquella emisora de Londres en la que por lo visto ponían verde al régimen. No tenía esa clase de amigos y si los tuve conmigo debían de ir con pies de plomo, pues sabían dónde trabajaba.

La verdad es que tampoco queríamos saber más. Estábamos inmersos en una guerra atroz que nos habían presentado como un conflicto imprescindible para mantener en pie a una Alemania que tenía al mundo entero en contra. Esa era la opinión generalizada, y no teníamos amistades en el extranjero para contrastarla. Vivíamos de puertas adentro, y más aún en tiempos de guerra.

Nuestra tarea como secretarias y recepcionistas era la de estar dispuestas a echar una mano con lo que fuera y en cualquier momento. Éramos un grupo muy alegre y bien avenido, nos llevábamos bien como compañeras de oficina, pero nada más. Nuestros escritorios estaban dispuestos formando una cuadrícula y en el centro había un sitio donde se depositaban todas las tareas pendientes: informes, solicitudes, cambios... Muchos de los asuntos que manejaba el ministerio, entre ellos los más comprometedores, se decidían de antemano, con lo que a nosotras solo nos llegaban las diligencias más urgentes, que venían del propio Goebbels.

Teníamos prohibido llenar los papeles de garabatos y solo podíamos escribir con tinta azul, ni en rojo ni en verde. Si mal no recuerdo, el ministro hacía sus anotaciones en verde y el secretario de Estado en rojo. O al revés, no lo sé. En todo caso, el color de las anotaciones de las actas indicaba de quién procedían.

He olvidado muchas cosas en los últimos sesenta años, pero recuerdo que el teléfono sonaba sin parar. Las llamadas no eran para Goebbels, porque a él sus hombres y los demás ministros lo telefoneaban directamente. Se trataba de un nuevo invento de la Siemens, una centralita en la que no había que marcar y que funcionaba como una máquina de escribir. Así, tecleando un número podías establecer conexión directa con Hermann Göring. Aunque nosotras teníamos bloqueada esa conexión, claro. Por mucho que tecleáramos los botones, no se establecía comunicación alguna. Por lo demás podíamos llamar a todo el mundo, capitostes incluidos.

El grueso del trabajo consistía en maquillar las noticias que llegaban del frente o del propio Reich para presentárselas al público. Y eso hacíamos, conforme las directrices que íbamos recibiendo. Era el principio de la ilustración pública: en lugar de mentir al pueblo, como habían hecho los gobiernos precedentes, ahora lo ilustraban. Los nazis obraban según aquel principio, aunque no recuerdo ningún ejemplo concreto. Por lo demás, todos los días se ajustaban a una rutina férrea. Los asuntos realmente comprometedores, como el de los hermanos Scholl, no pasaban nunca por nuestras manos. Un día el señor Frowein, que era entonces asesor personal de Goebbels, me entregó el expediente judicial completo del caso, sin sellar, para que lo guardase en la caja fuerte. «Le ruego que no lo lea», me dijo. O quizá fue más bien un: «Confío en que no lo leerá». Era un trámite muy urgente y Frowein se fue enseguida. Yo me quedé a solas con el expediente, aunque no lo abrí. Me apetecía mucho echarle un vistazo, pero Frowein confiaba en mi honradez y no lo hice. Estaba orgullosa de la confianza que había depositado en mí y no quería defraudarla; para mí, eso era más importante que satisfacer mi curiosidad. Me pareció que era un gesto muy noble, por eso se me ha quedado grabado.

En las postrimerías de la guerra no paraban de llegar informes de color rosa o amarillo que referían los hechos más recientes, acompañados de cifras concretas sobre las bajas ocurridas en cada batalla o las violaciones de mujeres alemanas por parte de los rusos, que iban ganando terreno. No nos lo podíamos creer. Nuestra tarea era exagerar la información y pasársela a la prensa. Si decía que habían violado a veinte mujeres, poníamos que eran treinta, etcétera. Las noticias de esta clase le llegaban al pueblo muy infladas y los crímenes del enemigo se multiplicaban a discreción. De eso me acuerdo perfectamente.

Los documentos más importantes y las órdenes secretas se guardaban siempre en distintas cajas fuertes, cuyas llaves solo tenían los asesores del ministro. Para llevar allí los documentos solo había que dar cuatro pasos y no me habría dado tiempo a leer casi nada aunque hubiera querido. Se tardaban dos minutos. Solo conozco en parte la clase de actas que circulaban y sé que muchas procedían del Tribunal del Pueblo. Yo no redacté ni una sola palabra de aquellas actas, ni siquiera me las dictaron. Y mis compañeras tampoco sabían nada. Además, habíamos prestado juramento[12] y, al entrar al ministerio, me habían entregado un libro con las normas de conducta. Era allí donde decía que estaba terminantemente prohibido anotar nada en rojo o en verde, por ejemplo. Tuve que aprenderme de memoria todas y cada una de aquellas normas. Pero, aparte de eso, no sabía nada.

De vez en cuando nos enterábamos de que algún actor famoso había escrito una carta con un comentario desafortunado sobre Hitler o Goebbels. Cuando eso sucedía, lo detenían en el acto y lo fusilaban. De esas cosas sí nos enterábamos.

Goebbels escribía personalmente todos sus discursos y se los dictaba a Richard Otte,[13] un taquígrafo muy amable que siempre estaba a su lado. Todos los domingos se

12. En la ley de regulación de funcionarios promulgada el 20 de agosto de 1934 figuraba el siguiente juramento profesional: «Juro que prestaré lealtad y obediencia al Führer del Reich y del pueblo alemán, Adolf Hitler, que respetaré las leyes y que cumpliré fielmente las obligaciones de mi cargo, con la ayuda de Dios».

13. Richard Otte fue consejero y taquígrafo personal de Joseph Goebbels y participó de forma decisiva en la elaboración de su larguísimo diario.

publicaba en el periódico un extenso artículo firmado por Goebbels. Para nosotras, el contenido de aquellos artículos era tan nuevo como para el lector común. Goebbels se los dictaba a Otte, que tenía su propio despacho, con secretario incluido, y luego se enviaban al *Völkischen Beobachter* para su publicación. Nosotras no teníamos nada que ver con ello. No éramos más que unas taquígrafas y secretarias muy bien pagadas, con tiempo de sobra para descansar. Solo teníamos que ser puntuales y estar bien dispuestas. Y por la época en que mi casa fue destruida por el bombardeo había que prodigarse y correr de una oficina a otra para aclarar diferentes asuntos. Yo siempre me ofrecía voluntaria para aquellos trámites.

El único día que pasó algo digno de mención no estuve presente, muy a mi pesar. Aquel día libraba, era uno de los pocos días libres que tenía y lo pasé en Neubabelsberg, donde vivía una compañera mía. A eso del mediodía escuché en la radio que había habido un atentado contra Hitler. Llamé enseguida a la oficina del ministerio y pregunté qué había pasado. «¡La suerte que has tenido de librar un día como hoy! —me dijeron—. Ni siquiera sabemos qué ha pasado. La Wilhelmplatz está llena de soldados armados. Y no es ningún desfile, se encuentran listos para disparar. Dicen que ha habido un atentado contra el Führer y hay tropas por todas partes, nadie puede salir del edificio. No tenemos ninguna información, nada de nada, y el ministro tampoco está. A saber cuándo nos dejarán volver a casa.» Estaban desesperadas.

Me quedé pegada a la radio, donde iban dando la información en cuentagotas. Al cabo de un rato dijeron que

Hitler seguía vivo. En el ministerio temían por sus vidas, rodeados de tropas como estaban. Y a mí me supo fatal no estar ahí, por un día que pasaba algo. No me alegré en absoluto de estar a salvo en Potsdam.

Por lo demás, lo único que conozco sobre aquel atentado y el juicio del Tribunal del Pueblo a los oficiales implicados es lo mismo que sabe todo el mundo. Es una historia bien conocida y yo la viví como una espectadora más.

En el día a día del ministerio sí nos íbamos enterando de otras cosas. De vez en cuando venía algún actor a hablar con Goebbels, por ejemplo. No sé de qué hablaban exactamente, creo que tenía que ver con *El judío Suss*. Hubo varias películas que, como aquella, trataban de la cuestión judía desde el punto de vista histórico de hacía doscientos años. El papel del judío lo interpretaba Ferdinand Marian, un actor excelente. Lo hizo de maravilla y la película quedó muy bien. Pero resulta que Marian no quería interpretar el papel y lo hizo a la fuerza. Seguramente le dirían: si te niegas, te enviamos al campo de concentración. Supongo que les dio todas las excusas que pudo, pero no tuvo alternativa. La película fue un éxito, aunque no creo que él estuviera muy orgulloso de haber interpretado ese papel.

Goebbels se entrometía en todas las películas en la que se auguraba cierto éxito. No metía baza en todas, pero sobre las más prometedoras había que informarle de antemano. Influía hasta en el reparto. No presencié ninguna de aquellas intromisiones, pero eran cosa sabida y sucedieron más de una vez. Para él suponía una especie de asueto o distracción de sus labores ministeriales. Seguramente le servía para compensar sus obligaciones más desagradables. El cine era lo suyo y quería supervisarlo en persona.

Recuerdo el último peliculón que realizaron bajo su supervisión, cuando se acercaba ya el fin. Fue una producción muy estudiada para reafirmar la voluntad del pueblo de vencer a cualquier precio. Esa era la idea, en todo caso, porque en las noticias nos seguían presentando como los vencedores. Goebbels metía cuchara en todo, también en el ámbito del arte, pues era otro tema central de la educación popular. Y en especial el germánico, con todas sus leyendas heroicas.

También se veían muchas películas austríacas. Me acuerdo de algunas como si las hubiese visto ayer. Tenían actores buenísimos, como Attila Hörbiger, a quien había conocido en persona, o Heinrich George. En la Universum Film había habido actores judíos de primera en otros tiempos, pero ya no quedaba ni uno. Huyeron todos a tiempo y muchos se fueron a América.

A mí no siempre me llegaba el dinero para ir al cine, sobre todo de jovencita, antes de trabajar en la radio. Pero para entonces el cine ya se había convertido en el pasatiempo oficial del pueblo, porque el teatro era aún más caro y la ópera solo podían permitírsela unos pocos.

Durante la guerra la oferta cultural era muy limitada, lo prioritario era llevar comida a la mesa. Menos mal que ya se había inventado la radio, otro entretenimiento básico. Solo se podía escuchar la emisora regional berlinesa de la radio oficial del Reich, la Reichssender Berlin. A mí lo que más me gustaba eran las retransmisiones en directo desde hoteles exclusivos como el Adlon, el Excelsior, el Kaiserhof o el Bristol Unter den Linden a partir de las once de la noche. Así oía la música que tocaban en directo en los bares de esos hoteles, con todas las canciones del momento. Pasé noches enteras tumbada en el sofá escuchando la radio mientras mi familia dormía. Me sabía todos los éxitos de memoria y los cantaba al compás de la radio. ¡Qué maravilla! A veces mi madre me encontraba dormida en el sofá con la radio encendida.

4

«FIEL HASTA EL FINAL»: LOS ÚLTIMOS DÍAS DEL MINISTERIO DE PROPAGANDA

Poco antes del inevitable hundimiento del Reich, Brunhilde Pomsel tomó una decisión capital que la obligó a permanecer en el refugio antiaéreo del Ministerio de Propaganda, vecino al búnker del Führer, junto con las últimas personas fieles al régimen. De lo que sucedía en el búnker de Hitler se enteraba a cuentagotas gracias a la información que le daban los pocos colaboradores nazis que seguían en su puesto. Entre ellos se encontraban Hans Fritzsche[1] y Günther Schwägermann,[2] el oficial adjunto de Goebbels

1. August Franz Anton Hans Fritzsche (Bochum, 1900-Colonia, 1953) fue un periodista alemán que ocupó varios cargos en el Ministerio del Reich para la Ilustración Pública y Propaganda. Tras la caída de Berlín, el 2 de mayo de 1945, Fritzsche firmó la declaración de capitulación incondicional en su calidad de funcionario gubernamental de mayor antigüedad del régimen.
2. Günther Schwägermann (Uelzen, 1915) trabajó a las órdenes de Goebbels como adjunto a partir de 1941 y alcanzó el rango de *Hauptsturmführer* de las SS. El 1 de mayo de 1945, poco antes de concluir la batalla de Berlín, quemó los cadáveres de Joseph y Magda Goebbels. Luego consiguió huir de Berlín a Alemania Occidental. El 25 de junio de 1945 cayó en manos de las fuerzas norteamericanas, que lo dejaron en libertad el 24 de abril de 1947.

que quemaría posteriormente los cadáveres de este y de su esposa. Tras negarse al principio a la capitulación, Hans Fritzsche, uno de los funcionarios de alto rango del ministerio y conocido locutor de radio, decidió negociar por su cuenta los términos de la rendición. Antes de que Fritzsche cruzara al bando soviético acompañado de otros dos funcionarios, Pomsel cosió la bandera blanca de la capitulación. Las negociaciones fueron breves y Fritzsche fue el encargado de anunciar, en nombre del gobierno alemán, que la Unión Soviética había aceptado los términos de la rendición. La noche del 1 de mayo de 1945, el general Weidling, que había liderado la defensa de la capital, ordenó el cese definitivo de las operaciones militares.

Me acuerdo perfectamente del refugio antiaéreo del Ministerio de Propaganda. El doctor Naumann pasaba la mayor parte del tiempo junto al Führer, en su búnker. Creo recordar que había una placa de hierro por ahí o algo parecido. Para entonces la guerra ya tocaba a su fin. Los bombarderos sobrevolaban Berlín incluso de día. Se me ha quedado grabado un ataque aéreo matutino. No fue un bombardeo a gran escala, pero se podían divisar los aviones en el cielo. Y eran aviones enemigos. El doctor Naumann me estaba dictando algo desde su escritorio y yo era incapaz de escribir, de tanto que temblaba. Él se partía de risa. «Por Dios, muchacha, ¡cuando haya peligro real ya se lo haré saber!», me decía.

Entonces se levantó con toda la calma y me pidió que lo acompañara. Creo recordar que los aviones ya habían pasado de largo. Cruzamos la plaza hasta llegar a unas escaleras que descendían hacia una puerta. Allí se despidió de mí y yo volví al ministerio acompañada por un hombre de las SS. Nunca me había fijado en aquella puerta y más tarde supe adónde conducía: al búnker del Führer, bajo la Wilhelmplatz. Nunca había oído hablar de su existencia.

Pasé mucho miedo durante la guerra, sobre todo durante los ataques aéreos. Había mujeres que se ponían histéricas y chillaban: «¡Ojalá nos caiga una bomba y ponga fin a este suplicio!». «¡No! ¡Tenemos que sobrevivir! Yo quiero vivir —les decía—. ¡No quiero que me mate una bomba!» Tenía unas ganas de vivir extraordinarias, no sé ni siquiera por qué. Solo sé que quería vivir. No tenía ningún interés en morir durante un bombardeo.

Hacia el final de la guerra pasábamos la mayor parte del tiempo en aquel maldito búnker, bajo el Ministerio de Propaganda, depositando nuestras últimas esperanzas en el ejército de Wenck,[3] que supuestamente se movía a espaldas de los rusos para abatirse sobre ellos en el momento oportuno y ganar la guerra de una vez. Yo aún confiaba en que eso sucedería cuando bajamos al búnker, el día después del cumpleaños de Hitler.[4] Para entonces ya no hablabas de ello con nadie, pero te creías cualquier cosa que te decían y la mayoría de nosotros pensábamos que estábamos relativamente a salvo. Nos encontrábamos también más o menos al tanto de lo que ocurría en el búnker de

3. Se refiere al ejército del comandante Walther Wenck, que debía encargarse de la defensa de la capital del Reich. Estaba compuesto por los soldados más jóvenes de la Wehrmacht, que solo disponían de armamento ligero. No consiguió llegar a Berlín.
4. Adolf Hitler nació el 20 de abril de 1889 en Braunau am Inn, en Austria-Hungría.

Hitler. Una vez apareció el señor Naumann para preguntarnos si teníamos comida suficiente. Yo me atiborraba de espárragos, espárragos de lata. He olvidado el nombre de uno de los hombres que venía a informarnos de manera habitual, pero recuerdo que las noticias también nos llegaban a través de Günther Schwägermann, el oficial adjunto de Goebbels, un hombre muy simpático.

Fue Schwägermann quien nos contó que Goebbels se había instalado con toda su familia en el búnker del Führer. Nos pareció lo más lógico. El piso que tenían cerca de la Puerta de Brandemburgo no era seguro, porque los rusos ya no se limitaban a atacar desde el aire, sino que avanzaban con lanzagranadas a pie de calle. Así que Goebbels había puesto a su familia a buen recaudo.

Al principio aún funcionaba un teléfono en nuestro búnker; recuerdo que incluso podíamos llamar fuera de Berlín y hablábamos con Hamburgo de vez en cuando. Más tarde cayeron las líneas y no nos quedó otra que esperar de brazos cruzados. Recorríamos el sótano de arriba abajo a ver qué encontrábamos. Había vino para dar y tomar, pero necesitábamos comer algo. Encontramos unas cuantas latas de conservas y nos las comimos. No teníamos alternativa. No podíamos salir a buscar nada, ni tan siquiera asomar la cabeza.

Al búnker nos iban trayendo a hombres que habían resultado heridos durante los enfrentamientos callejeros con los rusos. Y poco a poco, mientras esperábamos hacinados en aquel sótano, rodeados de gente hundida en la miseria, fuimos asimilando la idea de que el inminente rescate del ejército de Wenck era una farsa.

Disponíamos de dos habitaciones amplias con varias catres de campaña y hacíamos turnos. Dormíamos cuatro horas y le cedíamos el sitio al siguiente. Aguantamos así cerca de una semana. Al búnker solo nos llegaba el alboroto de la calle y de los enfermeros, que no paraban de entrar con más heridos. Tuvimos que cerrar todas las puertas para aislarnos un poco del ruido y el barullo y poder vegetar a gusto. ¿Qué otra cosa podíamos hacer? Sabíamos que tarde o temprano algo tendría que ocurrir. De vez en cuando nos informaban de lo que sucedía en el búnker de Hitler. El doctor Naumann seguía a su lado y nos mandaba a soldados de las SS para ponernos al corriente. Un día aquella espera angustiante fue interrumpida por Schwägermann, que entró como un vendaval y nos dijo: «Hitler se ha suicidado». Nos quedamos sin palabras. Cada uno sacó sus propias conclusiones. Schwägermann se fue enseguida, solo quería avisarnos porque sabía que estábamos aislados. Todos comprendíamos lo que eso significaba. La guerra había terminado. Y habíamos perdido. Más claro, el agua.

No recuerdo exactamente cómo fue, pero creo que pasó al menos un día y una noche hasta que Schwägermann regresó y nos dijo: «Goebbels se ha suicidado con su mujer». «¿Y los niños?» «Los niños también están muertos.» No había nada más que decir.

¡Válgame Dios, qué mal lo pasamos! Recuerdo que nos aterraba la posibilidad de quedarnos sin alcohol, porque nos hacía mucha falta. No sé si a todos, pero éramos muchos los que bebíamos a todas horas para anestesiarnos. Tampoco había nada más que hacer. Se respiraba el miedo, claro, aunque también flotaba en el ambiente una especie de resignación o indiferencia. Había llegado la hora, todo había terminado. Ni siquiera me paré a pensar si los rusos me pegarían un tiro o me violarían. No tenía la menor importancia. Me sentía como muerta por dentro. He pasado miedo muchas veces en mi vida, pero aquellos días los viví impasible, con absoluta frialdad. No sentía nada de nada, ni siquiera tenía miedo. Solo sabía que todo había terminado. Hasta ahí habíamos llegado, era el fin.

Me viene ahora a la cabeza algo que pasó un poco antes, el último día que trabajamos en casa de Goebbels. Aquel día vino a verme uno de sus asesores, el doctor Collatz,[5] un tipo muy simpático, y me dijo: «Pomseline, mi mujer y mi hija están en Potsdam y quiero despedirme de ellas antes del fin, acabe como acabe. He pedido que me preparen una moto». El ministerio tenía su propio parque móvil, pero estaba prohibido circular y tampoco había gasolina. Aun así, el doctor Collatz había conseguido una moto con gasolina suficiente para llegar a Potsdam. «Sé que sus padres viven por ahí», me dijo. Y así era, en nuestro viejo piso no podíamos vivir porque había quedado reducido a un montón de escombros: las bombas habían reventado todas las puertas y ventanas. «¿Quiere venir conmigo? —me preguntó—. Estaré de vuelta esta misma noche.» «Gracias, creo que le acompañaré —le dije—. Así podré ver a mis padres.» De modo que me dejó en casa de mis padres y al despedirse me dijo: «Le recogeré a las siete en punto de la tarde para volver».

5. El doctor Herbert Collatz (1899-1945) fue consejero en el Ministerio del Reich para la Ilustración Pública y Propaganda. Cuando los rusos llegaron a las puertas de Berlín, mató a su familia y se suicidó.

Pasé toda la tarde con mis padres y cuando dieron las siete seguía sin noticias del doctor Collatz. Tampoco apareció a las ocho ni a las nueve. No tenía manera de dar con él. Mis padres se quedaron esperando conmigo hasta que mi madre dijo que sería mejor que nos fuéramos a dormir. A la mañana siguiente Collatz seguía sin aparecer. Estaba muy alarmada, no eran pocas las personas que de un día para otro no se presentaban en el trabajo. La gente se olía lo peor y ponía tierra de por medio. Pero yo estaba de servicio, formaba parte de un equipo y tenía que volver a la ciudad como fuese.

Mi madre no entendía aquella obsesión por volver, aunque yo insistí. Para mí, lo más importante era cumplir con mi deber. Así que fui a la estación, lo que no dejaba de ser un poco absurdo, porque apenas circulaban trenes. Pero por pura casualidad llegó un tren que iba hacia Friedrichstrasse. Aún no me explico cómo es que circulaba, pues toda la red de transporte estaba colapsada desde hacía días. Y no viajé sola, había más pasajeros en aquel tren. De la estación de Friedrichstrasse fui directa al refugio del Ministerio de Propaganda y allí me quedé durante los siguientes diez u once días.

Más tarde me enteré de la suerte que había corrido el doctor Collatz. Él y su mujer tenían una niña minusválida de diez u once años. Era su única hija y la querían mucho. El doctor Collatz recogió aquel día a su mujer y a su hija, se las llevó al lago Wannsee, les pegó un tiro a las dos y luego se suicidó. No solo acabó con su vida, sino también con la de su familia. Obviamente no tenía ninguna intención de volver a Berlín, pero no podía contarme sus planes ni decirme que para él solo era un viaje de ida. Se fue con las ideas bien claras y la decisión tomada; es probable que pensara que su vida carecía de futuro.

Estoy convencida de que el doctor Collatz quería salvarme la vida. Debió de pensar que era lo bastante lista para aprovechar la ocasión y quedarme en las afueras.

En retrospectiva, sé que no hacerlo fue una estupidez mayúscula. La guerra estaba perdida, no cabía duda. ¿Por qué demonios tenía que volver? Qué idiota. La verdad es que no pensé en lo que me esperaba. Creo que para entonces ya no sentía nada, estaba como muerta, entumecida, apagada. Por eso me cuesta tanto explicar lo que pasó y lo que sentí en aquellos días.

Por suerte salí de todo aquello bastante bien parada. Las cosas podrían haber ido mucho peor, pero entonces no estaría aquí para contarlo. Hoy puedo decir que me siento orgullosa de la forma en que he soportado las miserias que me ha deparado la vida. Estoy satisfecha conmigo misma y tengo motivos de sobra para ello.

No hay que olvidar que también ha habido momentos bonitos y que a ratos he sido muy feliz. A veces me he aburrido un poco, pero nunca me he muerto de aburrimiento. La vida no son solo altibajos, también hay treguas para descansar. Y también las he tenido, claro. ¿Quién no?

Cuando se acercaba el fin estábamos psicológicamente acabados. Ya no podíamos confiar en las armas milagrosas del Reich ni en el dichoso ejército de Wenck. De hecho, habíamos dejado de pensar en ello. Nos sentamos de brazos cruzados a esperar el final. Ya no quedábamos muchos trabajadores del Ministerio de Propaganda. Yo era de las más ingenuas, de las que aún pensaban que la guerra estaba llegando a su apogeo y que si el ejército de Wenck conseguía atacar a los rusos lo lograríamos. «El ejército de Wenck acabará con los rusos y habremos ganado», pensaba. No es que confiara en ello, es que simplemente no me cabía otra posibilidad en la cabeza. Ese ejército existe, vendrá, los hará picadillo y todo acabará bien. Seguimos esperando al ejército de Wenck hasta los últimos días cuando caímos en la cuenta de que era un camelo. Hubo quien lo comprendió antes, pero yo me agarré a esa posibilidad casi hasta el final. Sencillamente no podía imaginarme otra cosa. Era imposible que perdiésemos la guerra... ¿Que por qué? Porque era imposible, y punto. Además, eso de atacar por la retaguardia parecía la táctica correcta. Ni siquiera sospechábamos que los rusos estaban en territorio alemán. ¡Fui muy idiota! Pero corrían tiempos difíciles: ya teníamos suficientes dificultades y quebraderos de cabeza como para reflexionar además sobre los errores que hubiéramos podido cometer. Eso no queríamos reconocerlo ni en nuestro fuero interno.

En mi vida he cometido muchos errores. Aquel fue uno sonado y no me di ni cuenta. Formaba parte de un equipo y tenía un fuerte sentido del deber. El trabajo era un pilar en mi vida, sabía que se me daba bien y que servía para ello. Tenía un puesto que ocupar y aquel era mi deber, toda mi vida lo he sentido así. Que el trabajo fuera bueno o no era lo de menos. Lo mismo daba que estuviera en la radio o en el Ministerio de Propaganda.

En el fondo, lo que más me asombraba era seguir con vida. En casa no quedaba piedra sobre piedra, las ventanas estaban reventadas y las puertas no cerraban, y yo seguía viva. Éramos miles de personas las que pensábamos así. Nos acostumbramos a la idea hasta que se convirtió en algo tan normal como respirar.

Había un montón de gente hacinada en aquel búnker cuando los rusos entraron en Berlín. Un día llegaron dos hombres de la emisora de radio de la Masurenallee a los que conocía. Uno de ellos era Hanne Sobek,[6] que había sido futbolista cuando el fútbol aún no era lo que es hoy. Sobek había sido un grandísimo jugador y le asignaron un puesto en la sección de deportes de la radio. Él y otro conocido mío de la radio llegaron al búnker a pie desde la Masurenallee, donde se situaba la línea de avance de los rusos. Y nosotros seguíamos en aquel sótano, sin teléfono ni conexión de ningún tipo con el exterior, atrapados como ratas en aquel agujero.

También estaban Hans Fritzsche, el jefe de distrito adjunto de Berlín, y varios asesores del Ministerio de Propaganda. Uno de los múltiples cargos que Goebbels ocupaba era el de jefe de distrito de Berlín y el señor Fritzsche era su adjunto. Este esperaba en las dos habitaciones habilitadas del búnker, pero solía reunirse con los demás asesores. En un momento dado nos pidió que vaciásemos los sacos de harina, arroz y pasta para descoserlos o cortarlos

6. Johannes «Hanne» Sobek (Mirow, 1900-Berlín, 1989) fue un jugador y entrenador de fútbol alemán. Llegó a la fama como jugador del Hertha BSC, club con el que alcanzó seis veces seguidas la final del campeonato alemán, que ganó en dos ocasiones. Al final de su carrera deportiva se pasó al periodismo y trabajó como reportero para la radio berlinesa entre 1938 y 1945.

y tejer una gran bandera blanca. Allí no teníamos utensilios de costura, pero al final nos las apañamos para coser la bandera que nos pidió. De pronto nos dimos cuenta de que en las calles de Berlín se había hecho el silencio. En lugar de los cañonazos que retumbaban hasta entonces, no se oía más que algún disparo aislado. Cuando acabamos de tejer la bandera, el señor Fritzsche nos dijo que iba a salir con otros dos hombres, pese a los tiroteos, para intentar llegar a la Bendlerstrasse y parlamentar con los rusos. Antes de salir nos dijo: «Quedaos aquí, yo cuidaré de vosotros. Llevaremos la bandera blanca hasta la Bendlerstrasse». Allí se había instalado el alto mando soviético, por lo visto.

A las pocas horas entró en el sótano una horda de rusos. Para entonces no éramos más que una panda de miserables, sin siquiera un portavoz. Suponíamos que el señor Fritzsche, al que tanto apreciábamos, nos había abandonado a nuestra suerte. Y allí nos encontraron los rusos, esperando como reses en el matadero. El pelotón estaba formado por cinco o seis soldados de rostros mongoloides. Tenían unas caras muy extrañas. Entraron con los fusiles por delante, pues también ellos tenían miedo de entrar en un sótano desconocido, lleno de corredores. Estaban preparados para cualquier tipo de emboscada. Así que avanzaron por los pasillos a hurtadillas y abrieron la puerta de golpe.

Quedábamos unas diez personas y nos acorralaron para sacarnos de allí. Cuando hubimos salido del agujero se oyó un disparo y alguien dijo que había sido Meier. Nos sacaron a la Mauerstrasse, que quedaba detrás del Ministerio de Propaganda. Después de diez días volvíamos a ver la luz del sol. Teníamos un aspecto espantoso, la piel se nos había puesto verde. Los rusos nos empujaban a no sé dónde con sus fusiles y pensamos que nos había llegado la hora. De pronto se nos acercó otro pelotón desde la Mauerstrasse que llevaba una bandera. Era una bandera blanca, hecha jirones, pero aún reconocible. No recuerdo si Fritzsche estaba con ellos, pero reconocí a uno de los hombres que lo había acompañado. Un oficial ruso encabezaba el pelotón. Luego volvieron a meternos en el búnker.

Teníamos prohibido hacer preguntas. Nos habíamos convertido en piezas de ajedrez que un jugador invisible iba moviendo sobre el tablero. Allí estábamos, de vuelta en nuestro agujero, con la única diferencia de que faltaba Fritzsche. Luego entraron más soldados rusos, pero estos tenían un aspecto completamente diferente. Vestían unos uniformes elegantísimos y venían del alto mando, con órdenes del comandante jefe de Berlín, que se llamaba Chuikov.[7] Después de negociar con Fritzsche la rendición de Berlín, Chuikov se hizo cargo de nosotros. Los oficiales volvieron a sacarnos a la calle y nos llevaron a pie hasta Tempelhof.

En Berlín reinaba un silencio sepulcral. Solo se oía el paso de los caballos y los camiones de soldados rusos que tocaban la bocina. Los disparos habían cesado por com-

---

7. Vasili Ivánovich Chuikov (Serébrianye, 1900-Moscú, 1982) fue un prestigioso militar y político de la Unión Soviética. En septiembre de 1942 fue nombrado comandante en jefe del 62.° Ejército, que lideró desde la Batalla de Stalingrado hasta la de Berlín, librada entre abril y mayo de 1945, en calidad de capitán general. Al acabar la guerra fue laureado con el título de Héroe de la Unión Soviética y en 1955 fue nombrado mariscal de la Unión Soviética.

pleto. La ciudad estaba llena de cadáveres que aún no habían sido retirados. Pero nosotros ya no prestábamos ninguna atención a nada, ni siquiera a las mujeres rusas uniformadas que regulaban ahora el tráfico. En algún momento nos detuvimos en una esquina y una pareja de ancianos alemanes se acercó a nosotros, rodeados de soldados como estábamos, para preguntarnos si nos habían detenido. Les dijimos que no lo sabíamos. Entonces los rusos nos achucharon con su *dawai, dawai* y la pareja de ancianos se vio arrastrada al grupo. Los rusos tenían prisa y los añadieron al rebaño, sin más. Cerca de Tempelhof nos metieron a todos en un piso de dos habitaciones, donde nos tocó volver a esperar.

Pasamos la noche en aquel piso sin nada que comer o beber. Los dos ancianos seguían con nosotros. Cuando les dijimos quiénes éramos se quedaron desolados y se echaron a llorar. Algunos de los rusos chapurreaban un poco el alemán e intentamos hacerles comprender que aquella pareja no tenía nada que ver con nosotros y que la habían arrastrado con nuestro grupo por casualidad, al cruzar la calle. Al final nos creyeron y los dejaron marchar.

A mí no me soltaron. Ni a mí ni a otra señora que retenían conmigo. Era una bielorrusa cuyos padres habían huido de Rusia durante la revolución de 1917. En Berlín vivían muchos bielorrusos y los rusos les tenían más inquina que a los nazis porque los veían como unos traidores. El marido de aquella señora era periodista y estaba detenido en otra parte de la ciudad. La pobre lo pasó muy mal, la interrogaron y la maltrataron.

Cuando me apresaron pensé que, después de la guerra, la vida volvería a su cauce. Los rusos que me interrogaron fueron muy amables y sus intérpretes hablaban alemán muy bien. Fueron tan amables que pensé que me dejarían marchar. Aún me quedaba una chispa de optimismo.

Mientras esperábamos en aquel cuarto le dimos muchas vueltas al asunto. «Les contaremos que estábamos paseando y al encontrarnos con los tiroteos buscamos refugio en el Ministerio de Propaganda», propuso alguno. Pero no se ponían de acuerdo: «Nada de contradicciones. Si nos lo inventamos, cada uno dirá una cosa y al final la liaremos».

Yo pensaba para mis adentros que la verdad me convenía más. Les dije que había trabajado allí como taquígrafa. Al monstruo de Goebbels no lo había visto nunca, claro, porque era un edificio muy grande y yo era una empleada de poca monta. Sí, trabajaba allí pero no lo había visto nunca. Les conté también que antes había trabajado en la radio y que habían ordenado trasladarme al Ministerio de Propaganda, lo cual era la pura verdad. Y que nunca había visto a Goebbels, por supuesto que no. Eso es lo que figura en mi expediente.

Pensaba que si contaba más mentiras y me interrogaban otra vez, como sucedía a menudo, me haría un lío y me pillarían. Así que me mantuve fiel a la verdad. Eso me dio seguridad. Tampoco tenía nada grave que reprocharme, nada merecedor de un castigo en todo caso. Ni se me pasó por la cabeza la posibilidad de suicidarme o de que me pegaran un tiro. Estaba segura de que me dejarían marchar. Qué ingenua.

Yo estaba segura de no haber cometido ningún delito y me quité un peso de encima cuando se lo hube explicado. Ellos no me dijeron ni pío. Me dieron las gracias y volvieron a encerrarme. Y tardaron cinco años en ponerme en libertad.

5

«NO SABÍAMOS NADA»:
RECLUSIÓN Y NUEVA VIDA

Tras su detención, Brunhilde Pomsel fue trasladada al campo especial soviético número 2, fundado en agosto de 1945 en el recinto del antiguo campo de concentración de Buchenwald. El campo, instituido por orden de Lavrenti Beria, comisario del pueblo para Asuntos Internos, y aislado casi por completo del exterior, sirvió principalmente para el internamiento de nacionalsocialistas, simpatizantes del régimen y criminales de guerra. Los presos no tenían contacto con sus familiares ni acceso a información procedente del exterior, y muchos de ellos murieron recluidos allí de enfermedad o desnutrición.

Mirando atrás, Brunhilde Pomsel emite aquí su juicio sobre Joseph Goebbels y el régimen nazi, y se exime a sí misma de toda responsabilidad personal.

Si le hubiera hecho caso al doctor Collatz, los rusos no me habrían llevado de aquí para allá ni habría acabado en aquel campo de concentración. Debería haberme largado de Berlín. Mi casa estaba hecha una ruina, tampoco tenía mucho que perder. Supongo que era mi destino. Nadie es dueño de su propio destino y menos aún en la vorágine de la guerra. Son pocos quienes pueden dar cuenta de sus actos y exponer sus razones. Todo aquello fue algo que nos pasó, que se nos vino encima sin comerlo ni beberlo. Y yo tuve la mala suerte de que me encontraran en el ministerio. De haber estado en mi piso bombardeado, los rusos no me habrían apresado, puede que no me hubiera pasado absolutamente nada.

Por supuesto que a una le da por reflexionar y preguntarse si no podría haber hecho algo para oponerse a los nazis. Pero eso era imposible, a menos que estuvieras dispuesto a jugarte la vida. Había que contar con la posibilidad de morir en el intento, sobraban los casos para corroborarlo. Más tarde conocimos las atrocidades que habían cometido. Aunque en aquellos años... estábamos todos cegados por la propaganda y asentimos a todo. Hacía falta mucha ingenuidad, sí, pero hay que pensar que nadie tenía contacto con el extranjero. No conocíamos a nadie de fuera que pudiera abrirnos los ojos.

Los pocos que se resistieron lo hicieron en vano y ninguno vivió para contarlo. Y sí, fueron muchos los que depositaron sus esperanzas en el nuevo partido y se afiliaron pronto para llevarse una parte del pastel, pero muy pocos los que se afiliaron por verdadera convicción. Los nazis acérrimos solían ser de las SS o las SA, aunque estos últimos eran menos fanáticos. Las SA eran para el ciudadano de a pie; sin embargo, con las SS había que tener cuidado.

No sé cómo acabé en aquel hervidero de poder, pero lo cierto es que la política siempre me trajo sin cuidado. No es algo que me torture, tampoco sé cómo podríamos haberlo evitado. Siempre habrá gente ingenua que apoyará a la gente equivocada y nosotros pagamos muy cara nuestra ingenuidad. Me cuesta imaginar que pueda repetirse algo parecido, pero tampoco estoy muy segura de que la gente haya aprendido la lección. Tras la Primera Guerra Mundial hubo un vacío de liderazgo en Alemania. No había políticos carismáticos que pudieran tirar del carro. Por eso Hitler lo tuvo tan fácil: las multitudes de parados le dieron alas. Nuestras formas de vida y de gobierno actuales son muy distintas. No, no creo que la historia vaya a repetirse. Hoy algo así sería imposible. Claro que el nacionalsocialismo también pudo haberse evitado. Pero en aquel entonces eran dos visiones extremistas las que pugnaban por llegar al poder y entre el comunismo y el nacionalismo había un trecho. Hoy las discrepancias son menores.

Fue al salir del campo de concentración cuando me enteré de lo sucedido. El resto de Alemania llevaba años haciéndose a la idea. Desde el término de la guerra, y gracias a los Juicios de Núremberg, los alemanes habían ido percatándose de la magnitud de la catástrofe. No creo que fuera menos horrible recibir la información así, a cuentagotas, pero el hecho es que cada día recibían un poco más y les fue más fácil asimilarla. A mí, cuando me contaron la verdad sobre los campos de concentración y me enseñaron las fotos de las fosas comunes, se me cayó de golpe la venda de los ojos. Pero no creo que se nos pueda achacar a nosotros, que de todo eso no sabíamos nada. Yo, personalmente, no he cargado ni cargaré con esa culpa bajo ningún concepto. Yo también estuve presa en Buchenwald, en Sachsenhausen y en una fábrica al este de Berlín ocupada por los rusos, porque a Rusia no me deportaron. Pero ni estando allí llegamos a enterarnos de lo que había sucedido en aquellas mismas instalaciones. Estábamos completamente aislados. Por lo que respecta a Goebbels, no fue hasta el final cuando comprendí qué clase de personas debían de ser él y su mujer. Podrían haber huido, para empezar. No acabo de entender que se suicidaran y menos aún que mataran a sus hijos. Los rusos estaban a las puertas, sí, pero Hanna Reitsch[1] podía haberlos evacuado en avión. Por lo visto, sabía dónde podía aterrizar con su avión para sacar de allí a toda la familia, con los niños. Que una madre sea capaz de hacer algo así es algo que no me entra en la cabeza.

No sé dónde lo habré oído, parece que la hija mayor se negó a tomar la pastilla. Creo que primero les dieron narcóticos, pero la niña sabía o sospechaba lo que estaba ocurriendo y se negó. Me pongo enferma solo de pensarlo.

El suicidio de Goebbels puedo llegar a entenderlo, tal vez no tuviera alternativa. Pero lo demás es propio de un cobarde y el hecho de que metiera a los niños en el ajo es imperdonable. Esos críos podrían haber sobrevivido y haber desarrollado su propio carácter. Fue una salvajada. Que una madre mate a los niños que ha traído al mundo... Un asesinato en caliente quizá podría disculparse de alguna manera, pero algo tan premeditado... Para mí es un crimen tan horrendo como toda la guerra. Los culpables

---

1. Hanna Reitsch (Hirschberg, Silesia, 1912-Fráncfort, 1979) fue una aviadora de renombre durante el Tercer Reich. El 23 de abril de 1945, cuando Hitler despojó a Hermann Göring de todos sus cargos, fue ella quien llevó a su sucesor, Robert Ritter von Greim, hasta la capital, sitiada ya por los aliados.

de esa carnicería, esos mismos que luego se fueron de rositas y dejaron que otros pagaran el pato, eran unos perros cobardes. Una pastillita y listo, se acabaron los problemas. Y Göring igual, una pastillita y se acabó. Y los demás que rindan cuentas. Y el verdadero responsable era el que estaba en lo alto del todo: Hitler.

Siempre conocí la existencia de los campos de concentración, pero no tenía ni idea de que allí gasearan y quemaran a la gente. ¡Cada vez que pienso en que yo también usé aquellas duchas de Buchenwald...! Teníamos que quitarnos toda la ropa y colgarla en un gancho. El mío llevaba el número 47. Mientras nos duchábamos lavaban nuestra ropa y nos la devolvían en otro cuarto, colgada bajo el mismo número para que pudiéramos encontrarla. La sala era muy espaciosa, las paredes estaban recubiertas de azulejos y las duchas estaban instaladas en el techo. La ducha duraba un cuarto de hora, el agua salía calentita y nos daban una pella de jabón para lavarnos. Cuando se acababa el tiempo, el agua salía fría y pasábamos a otra sala que disponía de calefacción, donde nos vestíamos. Se me revuelve el estómago solo de pensar que en el mismo sitio al que yo entraba tan contenta porque podía disfrutar del agua caliente que no había en los barracones, hubieran gaseado antes a tantos judíos. No sé cómo lo hacían exactamente, pero era allí donde los mataban.

Pero también creo que los rusos cometieron una injusticia cuando me detuvieron a mí. Yo no había hecho nada, aparte de escribir a máquina para el señor Goebbels. Por mucho que digan, no me siento culpable. Uno es culpable de lo que hace y yo no hice nada. Tuve la mala suerte de estar en el Ministerio de Propaganda y no en mi casa el día en que llegaron los rusos, eso es todo. Se me puede echar en cara mi estupidez, claro, pero ni yo ni nadie quería que sucediera lo que tuvo lugar. La gente solo quería un poco de prosperidad tras años de crisis. Quería ver renacer a un pueblo humillado que había perdido la guerra y había sido estafado con un tratado injusto. Era así como lo veíamos.

Los que sí conocían las barbaridades que cometía el régimen eran quienes tenían contacto directo con los campos y las prisiones. Y esos guardaban silencio, claro, por la cuenta que les traía. Ni siquiera creo que fueran nazis convencidos, seguro que entre ellos había mucha gente sencilla y crédula, al menos políticamente, que no meditaba mucho sobre sus actos.

Yo no era una simpatizante. De haberlo sido, habría sabido más cosas. Fue por irreflexión que acabé sacándome el carné de aquel partido de pacotilla, al que se había afiliado ya casi todo el mundo.

Durante mi cautiverio volví a tener suerte en mi desgracia. Al principio, cuando los rusos cruzaron la frontera alemana, me daba mucho miedo lo que podían hacer con las mujeres alemanas. Era algo que ninguna queríamos ni imaginarnos. Pero no pasó nada.

No sabíamos qué rumbo iban a tomar las cosas. Al acabar la guerra, la mayoría de los alemanes no tenían de qué vivir: las empresas que les pagaban el sustento se habían ido a pique y el dinero alemán era papel mojado.

Durante el verano de 1945 pasábamos horas y horas sentados ante los barracones del antiguo campo de concentración de Buchenwald sin nada que hacer, así que matábamos el tiempo hablando de nuestros hogares y de la vida que encontraríamos al salir. «Al menos los rusos nos dan sopa de cebada tres veces al día —les dije un día—. A saber si nuestra gente tendrá algo que llevarse a la boca allá afuera.» Y era una mera conjetura, porque al campo no llegaba ninguna información sobre la situación de nuestros compatriotas.

La vida en el campo especial tenía sus más y sus menos. Allí viví también momentos muy felices que aún guardo en el recuerdo. Como aquella obra de teatro en la que actué, una obrita muy sencilla escrita por uno de los prisioneros y apadrinada por un capitán ruso simpatiquísimo. El capitán no duró mucho como comandante del campo, pero su sucesor era germanófilo de pies a cabeza e hizo mucho para mejorar la vida de los prisioneros.

Los nazis ya habían construido en el campo un teatro con escenario y foso para la orquesta, que usaban tanto los prisioneros privilegiados como los trabajadores. El comandante del campo ruso mandó que lo arreglasen y empezó a organizar espectáculos con payasos para sus soldados. No eran nada del otro mundo, numeritos circenses con disfraces y payasos que se tiraban pastillas de jabón, cosas así.

Y es que en los campos también había gente del teatro, y muy buena, como Heinrich George. Teníamos también al director artístico del teatro Nollendorf y a varios músicos de la filarmónica. Los rusos confiscaron los instru-

mentos a la gente que vivía por los alrededores y se los
daban a los reclusos, y así juntaron una orquesta maravillosa. El entretenimiento estaba pensado sobre todo para
los soldados rusos, pero el alemán fue ganando terreno.
Poco después el comandante del campo nos dio permi-
so para ensayar una obra que había escrito en alemán
nuestro director artístico. Ocho días antes del estreno sor-
prendieron a una actriz, una prisionera alemana, con un
soldado ruso. A él lo trasladaron y a ella la apartaron de
la obra, por lo que se quedó vacante el papel protagonista.
Se apresuraron a buscar una sustituta para el papel principal de *Die Meisterschülerin*, que así se titulaba. Me preguntaron si era capaz de aprendérmelo de memoria. «¡Pues
claro!», les dije.

En Buchenwald iban pasando los años y seguíamos
presos, con todo el tiempo del mundo para pensar: «¿Qué
haré cuando vuelva a casa? ¿Seré capaz de reintegrarme?».
Yo tenía un punto de partida, porque trabajaba en un ta-
ller de sastrería que los rusos habían montado en el campo
y tenía muchas cosas que hacer.

He tenido mis golpes de fortuna, no me puedo quejar.
Cuando salí del cautiverio, en enero de 1950, me quedé
estupefacta al ver todo lo que había ahí afuera. Tenían
hasta una nueva emisora de radio, que me contrató enseguida como secretaria. Al principio pensé en buscar trabajo en la RIAS, una emisora berlinesa, aunque allí no querían contratar a nazis. Les juré y perjuré que no era nazi,
pero, como había trabajado en el Ministerio de Propaganda, no me creyeron. Al final acabé en la Südwestfunk, la
radio del suroeste de Alemania. Algunos de los reporteros
que habían trabajado en la propaganda o como corres-
ponsales de guerra aún se acordaban de mí y ellos ya se

habían reincorporado al mercado laboral. Hubo quien consiguió largarse a tiempo del Ministerio de Propaganda. Kurt Frowein fue uno de ellos, pero no le volví a ver el pelo. Naumann también lo consiguió: estuvo en el búnker del Führer junto a Hitler hasta el último momento y luego huyó de Berlín con Martin Bormann[2] y Schwägermann.

Yo ya me había incorporado a la radio de Baden-Baden cuando me llegó un mensaje del doctor Naumann: «Querida señorita Pomsel: no sabe cómo me alegro de que esté usted entre los que han sobrevivido a esta horrible guerra, de que se encuentre bien y de que haya conseguido un puesto en la Südwestfunk. Le estaría muy agradecido si se pusiera en contacto conmigo. Me he reencontrado con otros buenos amigos».

Naumann se había topado en Bonn con Werner Titze, que había estudiado con él en Görlitz, de donde eran ambos oriundos, y era entonces redactor jefe de la Südwestfunk. Por lo visto, se pusieron a hablar de la gente que conocían en la Reichsrundfunk y el Ministerio de Propaganda y se acordaron de mí.

Al recibir su mensaje tuve el buen tino de ir a hablar con mi superior, el director del programa, Lothar Hartmann, con quien más tarde trabajé en Múnich. Él me aconsejó que no me pusiera en contacto con Naumann. Por

2. Martin Bormann (Halberstadt, 1900-Berlín, 1945) ocupó varios altos cargos durante el nazismo, dirigió la cancillería del Partido Nacionalsocialista con el rango de ministro del Reich y fue confidente de Hitler. Tras su huida del búnker del Führer en mayo de 1945, se le dio por desaparecido. En 1973 se pudo demostrar que se había suicidado el 2 de mayo de 1945. Sus restos fueron descubiertos e identificados durante unas obras para la instalación de un cable subterráneo, cerca de la desaparecida estación de Lehrte.

suerte le hice caso y a los pocos días leí en el *Spiegel* que Naumann había participado en un complot para infiltrarse en el FDP. Seguía siendo un nazi impenitente. No volví a saber nada de él. Hoy estará criando malvas como el resto, porque todos eran mayores que yo. Aún leo en la prensa alguna que otra noticia de nazis que aparecen aquí y allá. Los hubo que después de la guerra llegaron a trabajar en tribunales alemanes. Muchos supieron zafarse y eludir su responsabilidad. Yo ni he sabido ni he tenido motivos para librarme de nada.

De los horrores de la persecución de los judíos y los campos de concentración no me enteré hasta que me pusieron en libertad. Hasta entonces no pude hablar con nadie, ni con mis familiares ni con mis compañeros. Estaba en un campo ruso y sanseacabó. En 1950 volví a casa, puse encima de la mesa los veinticuatro marcos que me habían pagado el día de mi puesta en libertad y le dije a mi madre: «Esto es lo que he ganado durante los últimos cinco años». «Pues ya lo puedes tirar —me respondió—. Es dinero del Este, no vale nada.» Fue entonces cuando me enteré de todo lo que había sucedido en mi ausencia: los Juicios de Núremberg, la nueva moneda y la República Democrática Alemana (RDA).

Recuerdo algunos detalles muy chocantes. En mi primera cena de vuelta en casa, por ejemplo, le pregunté a mi madre desde cuándo comíamos pan blanco. «¿Cómo que pan blanco? Esto es pan normal y corriente», me dijo extrañada. En el campo especial nos daban un pan negro como la noche, tanto que el pan normal me parecía blanco. Era un mundo nuevo para mí, desconocido.

Durante los interrogatorios me preguntaron si guardaba en algún sitio una pastilla de cianuro de potasio. No la tenía, en mi vida me habían ofrecido una. La habría aceptado, desde luego, pero no la habría usado. Nunca había tenido la intención de suicidarme. Puede que allá en Sachsenhausen me la hubiera tomado, no lo sé. Eso fue tres meses antes de mi puesta en libertad, cuando estaba al límite de mis fuerzas. Llegué a hacerme con un cuchillo; estaba romo pero, aun así, jugueteaba con la idea de cortarme las venas. Sin embargo, con aquel cuchillo era imposible y, como tampoco me lo planteé muy en serio, descarté la idea enseguida. «No pienso hacer semejante tontería», me dije. No soy de las que se rinden a las primeras de cambio. Recuerdo que una de las secretarias de Hitler escribió, muy orgullosa, que el Führer le había entregado una de aquellas pastillas. Pero ninguna chica del Ministerio de Propaganda pisó jamás el búnker del Führer.

Yo tuve mucha suerte y siempre se me abrió alguna puerta, aunque no solía ser la que esperaba. Pasé muchos momentos de desesperación, pero de alguna manera la vida siguió su curso y me convertí en quien soy. Porque ya no soy aquella niña ingenua con su visión despreocupada del mundo. Las he visto de todos los colores.

Nunca he podido olvidar a Eva Löwenthal ni la suerte que corrió. Fue décadas más tarde, durante una visita al centro conmemorativo de Berlín, cuando me enteré de la clase de muerte que tuvo. Después de ver todo el centro me acerqué a uno de los responsables y le pregunté si me podían dar alguna información sobre una persona desaparecida. Solo conocía su nombre y su edad aproximada. Me llevó hasta una máquina de búsqueda en la que figuraban listas interminables de nombres. Y allí estaba Eva, con la que me llevaba un año arriba o abajo. Al parecer murió cuando la guerra estaba a punto de terminar, a principios de 1945. No se podían consultar más detalles. Eva compartió mesa con nosotros infinidad de veces y era casi de la familia. Había leído un montón, era una chica muy lista. Yo, que había acabado la primaria y poco más, me sentía un poco tonta a su lado. Y ahora estaba muerta. No me entraba en la cabeza. En mi barrio no se perseguía a los judíos como en otros lugares. Y la mayoría, los que tenían dinero y contactos, huyeron a tiempo. También es cierto que no salían mucho de su círculo judío. Así eran al menos los amigos de mi jefe, el señor Goldberg, el que me invitaba a sus fiestas. El clan entero formaba parte de la fábrica de zapatos Leiser. La familia crecía como la espuma, tenían muchísimos hijos. Con ellos no teníamos mucho contacto debido al abismo económico que mediaba entre nosotros. La diferencia se notaba ya en la infancia, porque la mayoría de los niños judíos iban a institutos privados.

Eva siempre fue alguien especial para nosotros. Sabíamos que necesitaba protección porque no tenía dinero. Ni siquiera podía conseguir un trabajo, porque la obligaban a indicar su religión. No todos los judíos eran iguales. También había judíos pobres, como Rosa Lehmann Oppenheimer, que tenía una tienda de jabón en la que me gustaba entrar de niña porque olía a parafina, como ella. Y, sin embargo, cuando metía aquella mano no siempre muy aseada en el frasco para darme un puñado de caramelos, era la persona a la que más quería en el mundo. Rosa Lehmann Oppenheimer. Más tarde me contaron que también fueron a buscarla. Era una judía pobre. También había judíos pobres.

6

«YO NO TUVE LA CULPA»:
CONCLUSIONES DE UNA MUJER CENTENARIA

Es como con todo. La belleza también tiene sus sombras y el horror, sus luces. Nada es blanco o es negro, solo hay tonalidades de gris. Nunca me he dejado llevar por las masas. Solo en contadas ocasiones, gratas todas, me he fundido con la masa: en la práctica de la gimnasia, en mis viajes o jugando al bridge. En el fondo me gusta la soledad. Ni siquiera me he casado o he tenido hijos. No es que tenga nada en contra del matrimonio y hasta me habría gustado tener un hijo. Pero en mis tiempos era imposible tenerlos sin casarse y no quería exponerme a esa infamia.

Me gusta estar sola, siempre me ha gustado. Creo que es una preferencia que comenzó en mi infancia, cuando estaba siempre rodeada de hermanos, sin espacio alguno para mi intimidad. Habrá quien crea que soy una egoísta por preferir estar a solas o en buena compañía, pero al menos no lo he sido a costa de los demás. Y no soy tan individualista como para querer apartarme de la sociedad. Mientras pueda dedicarme a lo que me llena y me emociona sin tener la sensación de que la masa me lo impide, no me importa formar parte de la sociedad. Si no hubiera trabajado en el Ministerio de Propaganda, la historia habría seguido el mismo cauce. Mi papel no fue determinante, ni mucho menos.

Cada uno ocupa su lugar, no puede ser de otra manera. Y cada uno tiene sus influencias, se deban a la educación que recibió o al entorno en que se ha movido. Eso es difícil de saber con certeza.

Los alemanes nunca hemos sido un pueblo muy abierto y tampoco lo éramos antes de que Hitler llegara al poder. Pero la vida era completamente distinta y es normal que hoy en día a la gente le cueste entender la estrechez de miras que tuvimos antaño. Para empezar, la educación era diferente: si no obedecías te zurraban. Con amor y comprensión no llegabas a ninguna parte. Había quien se libraba de mayores problemas con un simple cachete y quien terminaba con la piel a tiras. Con suerte, te caía un bofetón y se acabó la historia. Ni siquiera les guardabas rencor.

Tampoco teníamos amigos en Estados Unidos o en otros países. Una compañera de colegio aprendió el oficio de peluquera y durante su formación tuvo la suerte de viajar en el trasatlántico Bremen. Todas nos moríamos de envidia. Nadie conocía a ningún extranjero. Radio tampoco había, por no hablar de todos los cachivaches tecnológicos de ahora. No existía nada parecido. Vivíamos incomunicados, como en una isla, y los demás países igual. Las únicas relaciones que había a escala internacional eran comerciales, y aquel era un mundo aparte. Estábamos subdesarrollados. Pero, ahora, pobre del que trate de escabullirse de la modernidad.

De la juventud actual solo espero que reflexionen sobre lo que pasó. Nadie puede evitar que otros le influyan en mayor o menor grado, por descontado, y es normal que a cierta edad nos gane el entusiasmo. Pero este va perdiéndose a medida que la vida nos exige más seriedad y responsabilidad, como las que conlleva por ejemplo una familia. Es más sencillo que vuelcos políticos como el de entonces se produzcan cuando las masas están descontentas y enardecidas y les falta tiempo para echarse a la calle.

Nunca me ha interesado la política. Ahora que me hago mayor me llama un poco más, pero de joven estaba concentrada en mis asuntos personales, que para mí eran mucho más importantes.

Alemania ya ha recibido su merecido por su pasado egoísmo nacional, por sus crímenes y por la negligencia y el desinterés que los posibilitó. A estas alturas, dudo que algo así tenga muchas posibilidades de repetirse.

No fue fácil vivir una época como aquella: fue como atravesar un torbellino. Pero es la única vida que tengo y así lo ha querido mi suerte. Al mirar por mí obré como el resto, ni más ni menos. A veces se me encoge el corazón y siento que la culpa fue nuestra, aunque luego me digo: no te angusties, que no has salido tan mal parada. He visto más atrocidades que el común de los mortales, sí, pero lo he sobrellevado con dignidad.

Si volviera a ser joven me comportaría de otra manera. Ahora a los jóvenes se los involucran en todo a una edad más temprana, supongo que eso se debe a la tele y la radio.

A lo mejor hoy la gente es más dueña de su destino. La mera idea de que exista alguien que lo decida me resulta horripilante, me niego a creer que exista algo, un dios o lo que sea, que haya tomado parte en esos horrores. Y no hablo de los que a mí me tocaron, porque yo lo habré pasado mal, pero no he vivido el horror en primera persona. Todo lo contrario, a veces me he complicado la vida por exceso de sensibilidad. Y también hay quien dice que soy una bocazas. A menudo la gente me ha ignorado, pequeña e insignificante como soy, pero a las personas que me han conocido mejor les he caído siempre en gracia. O eso creo. He arrastrado a veces cierto complejo de inferioridad, aunque en el fondo también tengo mi dosis de autoestima. Y soy una buena camarada, eso sí lo creo.

A veces también me he dado mis lujos. Si me hubiera casado y hubiera tenido hijos no podría haberme dedicado tanto a mí misma... No sé, porque entre otras cosas no hay forma de saber cómo habría sido mi marido. Lo cierto es que siendo una mujer soltera he podido cumplir muchos de mis sueños, a los cuales mucha gente ha tenido que renunciar debido a su mala salud, sus hijos o un matrimonio fracasado. También soy un poco cobarde y reacia a correr riesgos. Claro que eso podría llamarse tanto «cobardía» como «cautela» o «astucia». No me enorgullezco de nada, pero me alegro de conseguir según qué cosas. No soy de las que se empeñan en tener éxito, aunque cuando eso sucede me alegro. Es una sensación muy grata.

En lo que a mí respecta, siempre he respondido igual a la eterna pregunta de la culpa: no, no soy culpable. No tengo ni pizca de culpa. ¿Culpable de qué? No me considero culpable de nada, es la verdad. A menos que haya que culpar a todo el pueblo alemán por haber allanado el camino a los nazis, claro. Porque en ese sentido sí que tuvimos todos nuestra parte de responsabilidad, también yo.

Yo no decidí trabajar en el Ministerio de Propaganda ni tenía ganas de hacerlo. Fue una orden, una obligación profesional. Hoy a la gente le cuesta entender lo que eso significa. Me mandaron allí, no fui yo quien solicité el puesto. Fue una orden de traslado que tenía que obedecer, no tuve alternativa.

Para colmo, en 1942 ya no había trabajo en el programa radiofónico de actualidad en el que colaboraba. La situación era tan absurda que varias empleadas de la radio, que eran amas de casa, traían a la oficina las verduras de sus huertos y allí, sin nada que hacer ni jefes que las importunaran, pasaban el rato limpiando, cortando y preparando verduras en escabeche para llevárselas luego a casa en la bici. No me costó mucho dejar aquel trabajo. De mis chicos de la radio no quedaba ni uno: estaban todos en el frente. O en París, los más afortunados. Pero sé que ellos no me olvidaron ni dejamos todos de soñar con el fin de la guerra y el reencuentro.

Al fin y al cabo, de alguna manera tenía que ganarme la vida. El puesto que ocupé en la radio fue honroso y decente. Que luego acabara en el Ministerio de Propaganda fue un poco iluso por mi parte, sí, pero tampoco tengo la culpa de ello. Y si fuera así, ya la habría pagado con creces.

No creo que la gente —y me refiero al grueso de la población— sea tan estúpida como para volver a caer en la misma trampa. No me entra en la cabeza. Pero también observo una desidia y una pereza crecientes a la hora de reflexionar y criticar. Con el buche lleno, a la gente todo le parece bien. Se dan por satisfechos si les solucionan una mínima parte de sus preocupaciones, cosa que la política aún es capaz de hacer. ¿Qué pasaría si dejara de hacerlo? ¡Pues quién sabe!

A veces, cuando veo la tele, me asombro de los problemas con los que han de lidiar los jóvenes de hoy en día. Nosotros no teníamos las mismas preocupaciones. Las nuevas generaciones me parecen mucho más maduras que la mía, son dignas de admiración. Ya me habría gustado a mí recibir una educación como la suya. A nosotros nos tocó obedecer. El nuestro era un sistema que funcionaba mejor con severidad y algún que otro castigo. Así conseguían que las cosas marcharan con cierto orden, aunque no sé si eso es tan deseable.

Al ver los debates televisivos y escuchar a todos esos jovencitos, que ni siquiera han terminado sus estudios, pienso: ¡qué autoestima y qué manera de reflexionar sobre el futuro que les espera!

En mi juventud éramos más ilusos. La reflexión no era nuestro fuerte, ya fuera por falta de tiempo, como en el caso de la gente sencilla y trabajadora, ya fuera por puro desinterés, como en el caso de mi círculo de amigos. La política nos traía sin cuidado. Ahora que mi vida toca a su fin, todo me interesa más. Lo que quiero decir es que los jóvenes que se enfrentan a la vida por primera vez necesitan algún tipo de orientación. Y hablo de orientación, no de influencia. Eso la gente lo tiene hoy mucho más claro.

Admiro de verdad a esos chicos y chicas de dieciséis años que vi hace poco en la tele, intentando convencer a otras personas de su postura poco antes de las elecciones. Las personas mayores pasaban de ellos o rechazaban sus razones de plano: eso a mí no me interesa, déjame tranquilo, cosas por el estilo. Y me asombra el empeño con el que aquellos jóvenes seguían acercándose a esas personas mayores para concienciarlas de los problemas de la sociedad. Eso antes era impensable. A no ser que uno fuera de los *boy scouts* o la Liga de Muchachas Alemanas, vivía completamente ensimismado. Y a mí aquellas instituciones no me interesaban, me repugnaban los uniformes y las marchas multitudinarias.

Con los jóvenes tengo buena sintonía, tenemos mucho en común. No soy de esos adultos que consideran a los niños unos sabelotodos demasiado inmaduros para opinar. Creo que son conscientes de muchísimas cosas. A veces ya se palpa todo lo que ocurre en su interior antes de que cumplan diez años.

Cuando pienso en la educación que recibí... No me puedo ni imaginar a mi padre discutiendo con nosotros de política. Ni siquiera nos decía a qué partido votaba. Cada dos por tres había elecciones y solíamos preguntarle a quién había votado, pero la respuesta era siempre la misma: «¿Y a ti qué te importa?».

Me parece un error garrafal. Si me hubieran educado de otra manera quizá me habría convertido en otra persona, en alguien con ambiciones más sensatas, que supiera para quién trabajaba. De joven era más bien frívola y me quedaba en las apariencias. Pero a la postre mi forma de ser me ha ayudado.

Hoy veo lo innecesario que era todo aquello: antes no había Ministerio de Propaganda ni tampoco lo hay ahora y nadie lo echa en falta. No era más que un instrumento para enmascarar la realidad ideado por aquellos nazis chalados. Un ego como una casa, eso es lo que tenían. De amor a la patria o idealismo no tenían ni un ápice, eran egoísmo puro y duro. Y yo de eso no tenía ni idea.

Pero de ahí a ser culpable... Yo no hice nada, no veo de qué me van a culpabilizar. Ni a mí ni a tantas personas de las que se dijo luego que eran unos nazis. ¿Qué es el pueblo tomado en su conjunto? Es igual que el mar: un todo del que cada uno de nosotros formamos parte. Un tira y afloja constante.

Había ciertas personalidades que me impresionaban, sí. Pero las generalizaciones del tipo «la culpa es del pueblo alemán» me parecen una solemne estupidez. Lo que pasó es que un puñado de egoístas nos manejaron como a marionetas, unas veces con sutileza y otras a lo bruto. La historia y los excesos de los poderosos así lo demuestran. Sin embargo, dudo mucho que a mí nadie pudiera engatusarme hasta el extremo de convertirme en una fanática, eso no va con mi personalidad. Pero eso es difícil de saberlo a priori.

Puede que haya colaborado con más criminales en mi vida de lo que sospecho. Eso se sabe solo a posteriori. Cuando trabajaba para Goebbels, él era mi superior y encima de él solo estaba Hitler. Pero yo recibía mis instrucciones del ministerio. Tampoco cabe tachar de asesinos a los soldados que dispararon contra rusos, franceses o ingleses en el frente por el mero hecho de cumplir con su deber. Solo podría reprocharme algo si hubiera causado algún daño a alguien de manera injusta. Y eso no me consta.

La verdad es que a partir de 1933 ya no hubo forma de remediar lo inevitable. También podría haber ido todos los días a ver a Eva Löwenthal para echarle una mano, claro, pero ni éramos tan íntimas ni había mucho que yo pudiera hacer por ella. En casa pensábamos que si se gastaba la miseria que ganaba en cigarrillos en lugar de comprar comida no se merecía nuestra ayuda. Siempre estábamos dispuestos a juzgar a la gente.

Lo de Eva es solo un ejemplo. Seguro que hubo muchos casos parecidos y que hubo gente que intentó ayudar de verdad a sus amigos judíos. Por lo que luego salió a la luz, muchos de ellos se jugaron el pellejo. Toda esa gente que anda por ahí diciendo que habría hecho más por aquellos pobres judíos perseguidos... Sé que lo dicen de corazón, pero la mayoría de ellos no habría movido un dedo. Cuando los nazis tomaron el poder, el país entero comenzó a vivir bajo una especie de inmensa campana. En cierto modo, Alemania se convirtió en un gigantesco campo de concentración. Cuando Hitler llegó al poder, ya era demasiado tarde. Además, todos teníamos problemas propios. La persecución de los judíos no era lo único que nos quitaba el sueño, había muchísimas más cosas. Los familiares que teníamos en la guerra, sin ir más lejos. Y no lo digo a modo de disculpa, que conste.

Pero aparte de los propios nazis, es decir, de los líderes del movimiento que nos manipularon con sus quimeras, fue la indiferencia de la gente de a pie la que propició todo aquello. Y no estoy hablando de personas en concreto. Hablo de la indiferencia de la gente en general, la misma que puede observarse hoy. ¡Que seamos capaces de permanecer impasibles después de ver las noticias y enterarnos de las atrocidades cometidas en Siria y de todas esas personas que se ahogan en el mar a centenares! Vemos todo eso en las noticias, sí, pero luego cambiamos de canal y nos tragamos un programa de variedades. Nadie va a mover un dedo por una noticia que ha visto en la tele. Así es la vida, creo yo. Siempre ha de haber un poco de todo.

Lo único que cabe decir en defensa de algunos alemanes es que eran unos idealistas ilusos, convencidos de que el país resurgiría de sus cenizas. Nos habíamos convertido en un pueblo apocado y servil. Estoy convencida de que muchos creyeron de corazón, por amor a la patria, que un grupo de hombres fuertes como aquellos podía cambiar nuestra suerte.

De haberlo sabido o sospechado antes, seguramente no me habría incorporado a la radio ni al Ministerio de Propaganda. Para mí, Goebbels solo era un político que levantaba la voz de vez en cuando; no me paré a pensar en el contenido de sus discursos. Las simplezas que soltaba en el estrado me resbalaban. Si es que todos los políticos dicen lo mismo. Tampoco hoy escucho los discursos del Bundestag: pura cháchara sin sustancia.

No tengo muchos consejos que darle a la juventud. Tampoco necesito influir ni convencer a nadie, cada uno es libre de pensar lo que le apetezca y yo también. Así nos sucede a las personas que vivimos solas y no nos interesamos por estas cosas. Es distinto si vives en comunidad o en familia, o eres joven y tienes amigos con los que hablar. Yo no tengo con quién conversar de política. Cuando recibo visitas hablamos de otras cosas. Eso sí: la obediencia ciega es nociva. Siempre, en cualquier situación. Puede que a veces haya que obedecer, pero la inercia no debería ser nunca el único motivo de nuestro consentimiento.

No tengo hijos, pero si los tuviera los habría involucrado en todo desde la más tierna infancia. A mí me dejaron marcada con toda su insistencia en el deber de obedecer.

Todos dependemos de las circunstancias en que nos criamos, así como del desarrollo de nuestro contexto político y humano. Yo he hecho las paces con mi vida. A veces envidio a la gente que puede descargarlo todo en su fe y encontrar consuelo en ella. Yo no tengo esa fe. Pero siempre me digo que fue la casualidad: todo aquello de lo que yo no fui causante ocurrió por pura casualidad. A las personas se nos presentan muchas posibilidades y eso confunde. A veces somos incapaces de asimilar o diferenciar lo que ocurre a nuestro alrededor.

Sí querría darles a los jóvenes un último aviso, de orden más bien práctico: la justicia no existe. Ni siquiera en el contexto judicial. Para empezar, porque las opiniones que ocultan las palabras cambian sin cesar. Antes nos reíamos de los homosexuales o los rechazábamos, ahora tienen hijos y todo. No me extraña.

Las vueltas que da la vida. Hoy pasan cosas que no habríamos podido ni siquiera soñar hace cincuenta años. En términos prácticos, son tiempos mejores. Yo siempre me tuve por una persona con facilidad de aprendizaje y ahora me cuesta hasta manejar un móvil. Así de alelada estoy.

A veces me pregunto por qué he vivido tantos años, con todo lo que he tenido que soportar. Me he convertido en una criaturita debilucha, incapaz de abrir una puerta. Ya no veo bien y apenas puedo andar. Pero aún no me ha llegado la hora. A veces, cuando me acuesto, me pregunto si me iré de este mundo mientras estoy durmiendo. No me puedo imaginar una muerte por enfermedad. Creo que algún día me dormiré y sanseacabó. Aunque la verdad es que me da lo mismo.

En noviembre de 2016, varios años después del rodaje del documental Una vida alemana, *Brunhilde Pomsel añadió una coda a sus memorias: un conflicto personal que pone de relieve el aspecto individual de la represión como estrategia de supervivencia. Tal vez se esconda en este conflicto, omitido en el relato precedente, la verdadera causa de que Pomsel no quisiera ver lo que sucedía y se empeñara en cumplir ciegamente con su deber.*

Poco antes de los Juegos Olímpicos de 1936, Brunhilde Pomsel conoció en un bar berlinés al diseñador gráfico e ilustrador Gottfried Kirchbach, nacido en 1888 en Múnich e hijo del pintor alemán Frank Kirchbach. Kirchbach trabajó para la Oficina de Publicidad y Propaganda de Stuttgart y diseñó carteles de propaganda electoral para, entre otros, el Partido Socialdemócrata de Alemania (SPD) y el Partido Socialdemócrata Independiente de Alemania (USPD). Como su madre era judía y él lo era a medias, las leyes antisemitas nazis le afectaron de lleno. Según se desprende de esta adenda al relato, Kirchbach sabía perfectamente lo que los nazis pensaban hacer con los judíos, a pesar de que él no hubiera padecido aún ningún abuso. También sabía cuál era el puesto que ocupaba Brunhilde Pomsel en la radio, aunque no fuera un tema del que hablaran a menudo. Sin dar muchos detalles de su vida sentimental en aquellos tiempos de estrictas leyes antisemitas, Pomsel cuenta que Kirchbach huyó a Ámsterdam tras los Juegos Olímpicos de 1936 para evitar la persecución. Brunhilde Pomsel tenía las maletas hechas para seguirle al exilio, pero Kirchbach no quiso que le acompañara, argumentando que primero tenía que encontrar allí unas condiciones de vida dignas para fundar una familia. Brunhilde Pomsel se quedó en Berlín, encinta, pero tuvo que interrumpir el embarazo por recomendación de su médico, que consideraba que su pasada enfermedad pulmonar conllevaba demasiados riesgos de cara al parto. Para Pomsel fue un trámite muy doloroso. Fue a ver Kirchbach a Ámsterdam varias veces más, hasta que sus continuos viajes le parecieron demasiado peligrosos, pues podían levantar sospechas. Tras el estallido de la guerra el contacto se interrumpió y Pomsel no volvió a ver a su amante. Gottfried Kirchbach falleció en 1942 en Ámsterdam. Brunhilde Pomsel, que pasó el resto de su vida soltera y no tuvo hijos, falleció en Múnich la víspera del Día Internacional de Recuerdo del Holocausto, el 27 de enero de 2017, a los ciento seis años de edad.

LA HISTORIA DE LA SECRETARIA DE GOEBBELS: UNA LECCIÓN PARA EL PRESENTE

Brunhilde Pomsel reconoce su oportunismo con mucha más franqueza que la inmensa mayoría de los testigos y colaboradores del régimen nazi. A la hora de justificar su desinterés político y la función que desempeñó en los engranajes del nacionalsocialismo, esgrime sin ambages su propio bienestar y su egoísmo juvenil. La experiencia de la pobreza y, por encima de todo, el ansia de una vida confortable y el miedo al descenso en la escala social fueron el *leitmotiv* de su infancia y su juventud, hasta que alcanzó la edad adulta. El trabajo fue siempre prioritario para Brunhilde Pomsel, que prefería mirar hacia otra parte antes que enfrentarse a los crímenes cometidos por su jefe, Joseph Goebbels, y buscar una escapatoria.

Joseph Goebbels fue uno de los principales artífices de la ideología nacionalsocialista. Puso el cine y la radio al servicio de sus fines propagandísticos y se valió de estos dos grandes avances de los años treinta para adoctrinar al pueblo alemán y, de paso, difamar a los judíos, los comunistas y otros colectivos marginales. Hoy sus discursos siguen considerándose el paradigma de la manipulación de masas, y su propaganda antisemita plantó la semilla del odio que años más tarde germinaría en el Holocausto.

El relato de Pomsel nos plantea, una y otra vez, preguntas casi inverosímiles. ¿Cómo es posible que aquella joven, que había perdido a su amante y a una buena amiga por motivos políticos, no llegara a establecer un vínculo entre ambas desgracias y la actividad del hombre para el que ejerció de secretaria durante tantos años, por mero sentido del deber y desde una atroz tergiversación de los hechos, hasta acabar recluida en un campo de prisioneros soviético cuyas duchas se parecían tanto a aquellas donde probablemente gasearon a su amiga, Eva Löwenthal?

Los espectadores y periodistas congregados en el estreno del documental *Una vida alemana* llegaron prevenidos contra la tentación de un juicio sumarísimo y simplista a la anciana exsecretaria de Joseph Goebbels. Eran muy conscientes de que hoy, como entonces, la ignorancia, la pasividad y el desinterés cunden entre el grueso de la población, a despecho de la radicalización de ciertos sectores. Paul Garbulski, de la revista *VICE*, dio en el clavo al escribir: «Siempre he tratado de guardarme del prójimo, cuando lo cierto es que esa persona normal y corriente que llevo dentro alberga la dosis suficiente de absurdo inerte para allanarle el camino a la vileza y la brutalidad de ejércitos enteros. Cuidémonos mucho de esa pizca de Pomsel que todos llevamos dentro».[1]

A través de sus recuerdos de infancia, Pomsel nos explica cómo llegó a ser quien fue. Nacida en Berlín en 1911, hija de un decorador y un ama de casa, tuvo que soportar

---

1. Paul Garbulski, «Gib acht vor der Nazi-Sekretärin in dir» [Cuidado con la secretaria nazi que llevas dentro], *VICE Magazine*, 17 de agosto de 2016, <http: www.vice.com/de/read/sind-wir-nicht-alle-ein-bisschen-pomsel> (consultada el 28 de diciembre de 2016).

de niña los rigores del período de entreguerras y la crisis económica que azotó Alemania en los años treinta. Aunque su familia gozaba de una posición relativamente ventajosa, Pomsel abrigó desde pequeña el deseo de hacer carrera y alcanzar cierto bienestar. La severa educación que recibió de su padre la marcó para siempre. Si alguno de los cinco hermanos hacía alguna travesura, se llevaba una buena azotaina.

Con amor y comprensión no se conseguía nada. Obedecer y hacer trampa, mentir y echarle la culpa a otro, de eso se trataba.

Los nazis también se aprestaron a echarle la culpa de la precaria situación del país durante los años treinta a un colectivo muy concreto: los judíos. Y para los que hoy aseguran que de haber vivido en aquella época se habrían puesto del lado de los judíos, la respuesta de Brunhilde Pomsel no podría ser más clara:

Toda esa gente que anda por ahí diciendo que habría hecho más por aquellos pobres judíos perseguidos... Sé que lo dicen de corazón, pero la mayoría de ellos no habrían movido un dedo. Cuando los nazis tomaron el poder, el país entero comenzó a vivir bajo una especie de inmensa campana. En cierto modo, Alemania se convirtió en un gigantesco campo de concentración. Cuando Hitler llegó al poder, ya era demasiado tarde. Además, todos teníamos problemas propios. La persecución de los judíos no era lo único que nos quitaba el sueño, había muchísimas más cosas. Los familiares que teníamos en la guerra, sin ir más lejos. Y no lo digo a modo de disculpa, que conste.

¿A qué se puede achacar el fulminante ascenso de Hitler durante los años veinte? ¿Cómo es posible que nadie le parase los pies? Las respuestas a ambas preguntas coinciden en un solo aspecto: no hay explicaciones sencillas ni monocausales. No se debió únicamente a la ideología particular o a la labor propagandística de Hitler, ni a su poder sugestivo; no fue el mero resultado del terror que sembraban por las calles las SA ni de la coyuntura sociopolítica del momento; no se derivó en exclusiva de la humillación que supuso para los alemanes el Tratado de Versalles, ni de la amenaza comunista ni de la elevadísima tasa de desempleo que soportaba el país. Ninguno de estos motivos bastaría, por sí solo, para explicar el éxito del asalto al poder del nacionalsocialismo. Fue la suma de todos estos factores la que tuvo tan funesto resultado.

El estudio de las causas que llevaron al poder a los nazis desde el primer momento se tradujo, recién acabada la Segunda Guerra Mundial, en una preocupación común a los padres de las nuevas constituciones de Alemania, Italia y Austria, que temían que la historia pudiera repetirse y el extremismo volviera a socavar los cimientos que acababan de poner para sus nuevos sistemas democráticos.

Con su testimonio, que probablemente sea el último de una testigo de la administración nazi, Brunhilde Pomsel nos brinda a los ciudadanos del siglo XXI un caso inmejorable para estudiar y tratar de entender por qué regresan los populismos de derechas, los autoritarismos y, en última instancia, las dictaduras, y conocer las causas esenciales de ese resurgimiento, que viene registrándose desde hace algún tiempo en todo el mundo y con manifestaciones muy diversas.

Sería prematuro afirmar que la historia se está repitiendo, pero también sería una negligencia y una temeridad pasar por alto los numerosos indicios que alimentan ese temor: que Europa acabe por desmoronarse y deje un vacío de poder en el que ni siquiera podría descartarse el conflicto armado.

Cuanto más se acerca uno a la muchacha que fue Brunhilde Pomsel y a sus razones para hacer carrera en el corazón del nacionalsocialismo, todas sumamente inofensivas y banales, más se imponen las comparaciones con nuestro presente. Pues también hoy se ha llegado a un punto en que gran parte de la población de las democracias occidentales no responde ya a los hechos, sino a meros estímulos emocionales. El sentimiento de la injusticia tiene potencial de sobra para radicalizar a grandes segmentos de la población y, a la postre, bastará con la imagen creíble de un enemigo imaginario para que esos ciudadanos furiosos se decanten por cualquier solución simplista o algo aún peor. La historia de Brunhilde Pomsel nos advierte del peligro que corremos y nos da motivos más que suficientes para abogar activamente por conservar una sociedad abierta.

A veces, al escuchar el relato que hace de su vida, da la sensación de que Brunhilde Pomsel no habla con verdadera franqueza. Seguro que ha tratado de reprimir ciertos recuerdos y desalojarlos de su memoria... aunque haga varios decenios que da vueltas y más vueltas a los sucesos que presenció en el Ministerio de Propaganda.

No fue fácil vivir una época como aquella: fue como atravesar un torbellino. Pero es la única vida que tengo y así lo ha querido mi suerte. Al mirar por mí obré como el resto, ni más ni menos. A veces se me encoge el corazón y siento que la culpa fue nuestra, aunque luego me digo: no te angusties, que no has salido tan mal parada. He visto más atrocidades que el común de los mortales, sí, pero lo he sobrellevado con dignidad.

Pese a las vagas alusiones a esas «atrocidades», su relato vital nos llega desprovisto de datos concretos sobre las terribles medidas de las que debió tener noticia. Y aunque fuera cierto que Brunhilde Pomsel «no sabía nada», como ella misma asegura en repetidas ocasiones, no sería tanto que no estuviera enterada como que no se diera por enterada:

> Tampoco es que quisiéramos averiguar hasta el último detalle, no era cuestión de sufrir innecesariamente. Bastantes angustias teníamos que pasar en casa, y el abastecimiento iba de mal en peor
> [...]
> ¡Fui muy idiota! Pero corrían tiempos difíciles: ya teníamos suficientes dificultades y quebraderos de cabeza como para reflexionar además sobre los errores que hubiéramos podido cometer. Eso no queríamos reconocerlo ni en nuestro fuero interno.

Lo que Brunhilde Pomsel habría podido saber, de haber querido, es hoy de sobra conocido. No era de esperar que las conversaciones mantenidas con Brunhilde Pomsel abrieran nuevas vías de investigación sobre la historia del nazismo, puesto que en ningún momento quiso entrar en detalles y muchos de ellos se le habían olvidado por completo. Lo que convierte su testimonio en un documento realmente valioso para nuestro tiempo es un mensaje que debe leerse entre líneas. Porque, a pesar de las lagunas, su relato es también una reflexión sobre lo que fue su vida y, en cierto modo, entraña una confesión insólita:

Se me puede echar en cara mi estupidez, claro, pero ni yo ni nadie quería que sucediera lo que tuvo lugar. La gente solo quería un poco de prosperidad tras años de crisis. Quería ver renacer a un pueblo humillado que había perdido la guerra y había sido estafado con un tratado injusto. Era así como lo veíamos.

Cuando Brunhilde Pomsel alega que no sabía nada de la persecución de la que fueron objeto los judíos, cabría reprocharle (y con razón) que trabajando en el Ministerio de Propaganda, donde se tergiversaban los hechos a diario y las noticias se ocultaban, maquillaban o fabricaban a discreción, bien podría haber sabido algo. De haberlo querido, claro. Desde 1942 circulaban por el Reich toda clase de rumores. Decían, entre otras cosas, que no se habían limitado a expulsar a los judíos, sino que se los había deportado a campos de concentración. Las encuestas anónimas realizadas en los años noventa entre los supervivientes de aquellos años indican que cerca del 40 por ciento de los alemanes conocía la existencia del Holocausto antes de que acabara la guerra. Por si eso fuera poco, Brunhilde Pomsel tuvo bajo su custodia las actas del proceso contra la Rosa Blanca y de otros juicios del Tribunal del Pueblo y podía haberles echado un vistazo disimulado en lugar de guardarlos en la caja fuerte sin abrirlos siquiera, orgullosa de haber cumplido las órdenes de sus superiores y no defraudar su confianza. Para la joven secretaria prevaleció siempre el ansia de reconocimiento y el ciego sentido del deber.

Éramos en cierto modo la élite. Por eso me gustaba trabajar allí. El ambiente era agradable y mis compañeros eran muy simpáticos e iban impecables. Estaba en mi salsa. Es que en aquel entonces yo era muy superficial, muy boba.

Si algo se reprocha Pomsel a sí misma es su frivolidad de entonces. Pero rechaza de plano cualquier responsabilidad en los crímenes del nazismo. Su parte de culpa no está dispuesta a reconocerla.

[...] A menos que haya que culpar a todo el pueblo alemán por haber allanado el camino a los nazis, claro. Porque en ese sentido sí que tuvimos todos nuestra parte de responsabilidad.

Pomsel pasa por alto que, a fin de cuentas, cada persona debe responder de sus decisiones y posicionamiento en el seno de la sociedad, algo que hoy es tan cierto como lo era entonces. Aunque en lo que respecta a los hechos no se le puede negar su parte de razón, pues sin el beneplácito de un amplio sector de la ciudadanía, acompañado de un desinterés generalizado por los verdaderos fines del «movimiento» nazi, la historia de los años treinta habría sido muy distinta.

¿Es la desidia política una falta en sí misma? En lo que respecta a la lección que cabe extraer hoy de la biografía de Brunhilde Pomsel, no tiene la menor importancia determinar si fue una nazi convencida o no. Es evidente que no lo fue, pero eso es lo de menos. Entre la colaboración activa y la inhibición pasiva, la cuestión sobre su responsabilidad se disuelve en el subterfugio de la ignorancia y la ingenuidad. Pero, desde una perspectiva moral, esa inhibición también entraña cierta dosis de culpa, porque vivir significa también convivir. Lo mismo cabría decir hoy en una democracia que tiene los derechos universales del hombre como uno de los pilares esenciales del derecho fundamental del ciudadano. Aun así, cada vez son más los ciudadanos que deciden darle la espalda a la democracia, sin preguntarse por las consecuencias sociales y humanas de su falta personal de solidaridad. O sin querer conocerlas, que todo podría ser. Como hemos visto, para Brunhilde Pomsel nada que no fuera su propia carrera tenía demasiada importancia.

Supongo que era mi destino. Nadie es dueño de su propio destino y menos aún en la vorágine de la guerra. Son pocos quienes pueden dar cuenta de sus actos y exponer sus razones. Todo aquello fue algo que nos pasó, que se nos vino encima sin comerlo ni beberlo.

Traudl Junge, la secretaria personal de Hitler, aseguraba en su día no haber sabido absolutamente nada del Holocausto. También Rochus Misch, operador telefónico del Führerbegleitkommando, la guardia personal del Führer, juraba y perjuraba que jamás oyó hablar de la Solución Final en presencia de Adolf Hitler. El denominador común de todos estos colaboradores de la cúpula nazi es que al término de sus biografías se ven obligados a avergonzarse, justificarse o esconderse. Tanto ha pesado y sigue pesando la complicidad de los subalternos en los crímenes de sus superiores.

Hasta la fecha apenas existen pruebas testimoniales que indiquen que en el círculo de colaboradores de Joseph Goebbels se hablara alguna vez de la Solución Final. Pero, aunque fuera cierto que solo los oficiales de confianza de Joseph Goebbels estaban al corriente de sus planes de exterminar a los judíos en Europa, la ignorancia tras la que se escuda Brunhilde Pomsel tampoco merece mucho crédito. Como los dictados del Ministerio de Propaganda de los que queda constancia no llevan ninguna abreviatura, no podemos saber quién los pasó a limpio. Pero cuesta creer que una mecanógrafa del alto mando no hubiera tenido la menor noticia de su contenido.[2]

A Brunhilde Pomsel se le pueden reprochar muchas cosas. Y se la puede juzgar por la aparente distancia que guarda respecto a su propia biografía y que acaso sea solo su forma de lidiar con la culpa inconsciente que arrastra. Para expurgar sus recuerdos ha tenido casi setenta años. Pero el hecho es que estuvo al servicio de un hombre que corrompió, manipuló y empujó al abismo a todo un pueblo. Al negar insistente y categóricamente su parte de responsabilidad en los crímenes del nazismo y empeñarse además en afirmar que no sabía nada, es posible que esté allanándose el terreno para acercarse a su verdad personal y darla a conocer. Y hay que admitir que por momentos resulta infinitamente más creíble

2. Sven Felix Kellerhoff, «Goebbels-Sekretärin will "nichts gewusst" haben» [La secretaria de Goebbels dice que «no sabía nada»], *WeltN24*, 30 de junio de 2016, <https://www.welt.de/geschichte/zweiter-weltkrieg/article156710123/Goebbels-Sekretaerin-will-nichts-gewusst-haben.html> (consultada el 28 de diciembre de 2016).

que otros subalternos de la cúpula del nazismo que trataron de limpiar su conciencia y negar u ocultar su biografía.

Puede que haya colaborado con más criminales en mi vida de lo que sospecho. Eso se sabe solo a posteriori. Cuando trabajaba para Goebbels, él era mi superior y encima de él solo estaba Hitler. Pero yo recibía mis instrucciones del ministerio. Tampoco cabe tachar de asesinos a los soldados que dispararon contra rusos, franceses o ingleses en el frente por el mero hecho de cumplir con su deber. Solo podría reprocharme algo si hubiera causado algún daño a alguien de manera injusta. Y eso no me consta.

La historia de Brunhilde Pomsel nos muestra las secuelas físicas y psicológicas que trae consigo el hecho de ignorar la génesis de una dictadura y luego sobrevivir a ella; y nos advierte de paso sobre lo que podemos esperar si seguimos asistiendo en silencio al empeño de los nuevos populistas por liquidar la democracia occidental. A sus ciento seis años, Brunhilde Pomsel debería interesarnos especialmente, pues con su cobardía confesa y su mentalidad apolítica personifica el sentimiento que ha ido extendiéndose por nuestra sociedad en el transcurso del tiempo: un desinterés manifiesto que se traduce en desidia política, indiferencia ante la suerte que puedan correr los refugiados y odio visceral a las élites democráticas, tres tendencias que han marcado el resurgir del populismo reaccionario y su guerra abierta contra la democracia y la integración europea.

El egoísmo irreflexivo de Brunhilde Pomsel y su afán por
medrar y formar parte de la nueva élite, unidos a la tenta-
dora oferta que le hizo Wulf Bley, fueron los motivos que la
llevaron a afiliarse al Partido y entrar a trabajar en la radio.
Fue así como se vio allí metida «sin comerlo ni beberlo».

El contrato, en cualquier caso, lo conseguí por mediación
de Wulf Bley. Y era un contrato de los buenos. No recuerdo
exactamente lo que me pagaban, pero eran más de doscientos marcos al mes. Una auténtica fortuna comparado con el
sueldo con el que me había tenido que conformar durante
años. Empecé trabajando para la junta directiva y luego me
trasladaron a la secretaría de la antigua dirección. No era
un puesto especialmente honroso, porque allí trabajaba la
gente a la que querían arrinconar. Entre mis compañeras
estaban las secretarias que habían ocupado puestos de responsabilidad para la antigua directiva, es decir, para los
miembros del antiguo consejo de administración, compuesto en su mayoría por judíos a los que luego habían despedido o internado en campos de concentración y que no tenían
ya el menor contacto con la radio.

La biografía de Brunhilde Pomsel es una brújula moral
infalible. Su aguja nos indica, una y otra vez, que las ver-
daderas amenazas para la democracia residen principalmente en la falta de compromiso en favor de una sociedad
abierta y la incapacidad de las élites políticas para reac-
cionar de forma adecuada y puntual a las derivas políticas
de sus tiempos. En nuestra búsqueda de paralelismos entre los años treinta del siglo pasado y los años diez del actual se nos plantean preguntas de diversa índole: ¿qué está
sucediendo en Europa y Estados Unidos? ¿Esos sectores

de la ciudadanía que aún no se han dejado radicalizar por la nueva demagogia del siglo XXI se mostrarán tan pasivos, ignorantes y desinteresados por la política como Brunhilde Pomsel y buena parte de su entorno entre 1933 y 1945? ¿Será nuestra juventud igual de apolítica que la de entonces? ¿Qué peligro entraña para la democracia esa falta de compromiso juvenil, unida al hastío político de nuestra clase media? ¿Estarán ya condenadas al fracaso las élites de la socialdemocracia, que han pasado tantos años desentendiéndose de los motivos y las consecuencias a largo plazo del paulatino desencanto político de la sociedad? ¿No estaremos volviendo, a sabiendas y por la vía de la pasividad y la apatía, a los feroces años treinta? ¿De veras es posible extraer de la biografía de la secretaria de Goebbels alguna lección para el presente que nos empuje a tomar cartas en el asunto?

Quien no esté dispuesto a ver surgir en Occidente una nueva especie de Estado totalitario debería tomarse muy en serio la historia del siglo pasado y prestar oídos al relato de Brunhilde Pomsel, con todas sus contradicciones. Los paralelismos que desvela una reflexión detenida sobre la actual coyuntura política no son ninguna broma.

En Turquía podemos ver el nacimiento de una dictadura, ni más ni menos. Y han sido funcionarios y personas tan sencillas como Brunhilde Pomsel quienes, por orden del presidente Recep Tayyip Erdogan y a la vista del mundo entero, han sometido a la oposición, el Parlamento y los medios al control absoluto del presidente, que parece dispuesto a enquistarse en el poder a cualquier precio. Sin entrar ahora a discutir si esos policías, funcionarios y demás secuaces del presidente son un hatajo de oportunistas o se han visto obligados a actuar de este modo para poder (sobre)vivir en el nuevo régimen de Erdogan, lo cierto es que Turquía está en camino de desmantelar la democracia, el Estado de Derecho y el respeto a los derechos humanos en todo el país. Según las estimaciones de Amnistía Internacional, medio millón de kurdos han tenido que abandonar sus hogares al sureste del país en el transcurso de un año a raíz de la brutal represión policial dictada por las autoridades. En términos prácticos, la política de Erdogan en aquella región equivale a un escarmiento colectivo.[3] Tras el golpe de Estado fallido de 2016 se despidió o encarceló a decenas de miles de personas, entre las cuales se contaban funcionarios públicos, profesores, científicos y políticos. Y todo parece indicar que la pena de muerte no tardará en reinstaurarse. El Parlamento turco ha sido privado de gran parte de sus prerrogativas, mientras que el poder del presidente crece por momentos. El panorama recuerda mucho al de los inicios de la dictadura nazi, a los tiempos en que Brunhilde Pomsel comenzaba a trabajar en una Reichsrundfunk expurgada de judíos.

Lo que estamos presenciando en Turquía sucede en muchos otros lugares del mundo, pero el del país del Bósforo es un caso especialmente llamativo, pues se trata de un Estado que aspira a ingresar en una comunidad erigida

3. «Hunderttausende Kurden im Südosten der Türkei vertrieben» [Cien mil kurdos desplazados en el sureste de Turquía], *Amnistía Internacional*, 6 de diciembre de 2016, <https://www.amnesty.de/2016/12/6/hunderttausende-kurden-im-suedosten-der-tuerkei-vertrieben> (consultada el 28 de diciembre de 2016).

sobre valores democráticos como es la Unión Europea. En el fondo, el destino de las democracias europeas es inseparable del miedo de sus ciudadanos a los refugiados sirios que tratan de llegar a Europa a través de Turquía, huyendo de la guerra civil. El egoísmo nacional de los Estados europeos en sus políticas de asilo a los refugiados ha forzado a la Unión Europea a llegar a un acuerdo con el gobierno de Erdogan, que aprovecha su potencial inhumano de chantaje para impedir la injerencia de la Unión en sus asuntos internos. De este modo, los refugiados de un territorio en guerra como es Siria —y estamos hablando de personas— han pasado a ser moneda de cambio política. La amenaza del gobierno turco de abrir sus fronteras ha sembrado la alarma social en gran parte de Europa. También aquí, en Alemania, que se enfrenta al rechazo a la idea de acoger un número aún mayor de refugiados, el cual, en parte, se debe al temor de ofrecer un asidero más firme al populismo ultraderechista. Independientemente del grave problema de la acogida y el trato a los refugiados sirios, es evidente que el miedo está insensibilizando a una Europa cada vez más proclive a desoír los dictados del derecho internacional y los imperativos humanitarios.

En la escena política vuelve a asomar el alemán malvado de la mano del movimiento radical Patriotas Europeos contra la Islamización de Occidente (PEGIDA) y gran parte de Alternativa para Alemania (AfD), que tiende peligrosamente hacia la extrema derecha. La población de origen inmigrante asiste con creciente inquietud a la radicalización de ciertos sectores de la sociedad alemana y a la irrupción de partidos como AfD, y se pregunta hasta qué punto siguen a salvo en Alemania y hasta cuándo continuarán sembrando el pánico en Europa los terroristas del

Estado Islámico, mientras que el populismo reaccionario aprovecha cada uno de sus atentados para acelerar su ascenso político.

La democracia ha sido, es y seguirá siendo el esfuerzo constante por garantizar los derechos del individuo y protegerlos de forma solidaria. Si los nuevos populismos llegaran al poder, volverían a negar al individuo, al titular de esos derechos. Lo cierto es que en Alemania ya es tarde para atender a la vieja consigna antifascista de «cortar el mal de raíz». Los refugiados de una de las más cruentas guerras civiles de nuestros tiempos, así como de otros países africanos desestructurados, han pasado a ser poco menos que dianas de tiro al blanco desde que en 2015 la presidenta de AfD, Frauke Petry, planteó la posibilidad de usar armas de fuego para contener a los refugiados en los puestos fronterizos. La ola de indignación mediática que provocó la propuesta no tardó en aplacarse, sin embargo, a la espera de la siguiente provocación de algún político desalmado. Con la valiosísima ayuda de Internet, que propaga esta clase de consignas a una velocidad de vértigo, son cada vez más las personas que ven al refugiado como un enemigo. Y así es como se pone en marcha el proceso de embrutecimiento social.

A las últimas elecciones presidenciales austríacas se presentó Norbert Hofer, candidato del populista Partido de la Libertad de Austria (FPÖ), que amenazó repetidas veces con disolver el gobierno y convocar nuevas elecciones si resultaba elegido, a fin de aupar a la cancillería al presidente de su partido, el ultraderechista Heinz-Christian Strache. Y aunque su rival Alexander van der Bellen logró movilizar suficientes votos para impedir la victoria de la ultraderecha populista, la escasa distancia final entre ambos candidatos (53,8 por ciento de votos para Van der Bellen y 46,2 por ciento para Hofer) no deja de ser un motivo de alarma. Cerca de la mitad de los austríacos llamados a las urnas se decantaron por un populista de ultraderecha que sumó votos con el eslogan de «Austria primero» y un discurso xenófobo que ofrecía poco más que dos líneas de ataque: la lucha contra el *establishment* y la propaganda demagógica contra los refugiados.

En la mayor parte de Europa los refugiados viven en albergues de emergencia masificados donde se los aísla y despoja de toda individualidad. En algunos países, como Hungría, se los recibe en la frontera con policías y soldados armados con porras y gases lacrimógenos. ¿Hasta qué punto somos conscientes de la magnitud de este desastre humanitario? Además de los 400.000 muertos que se ha cobrado hasta la fecha la Guerra Civil Siria, la cifra de personas que pierden la vida intentando llegar a Europa y escapar de la guerra y la miseria crece a diario. Muchas de ellas son sirias, pero también proceden de varios países africanos. Entre 2000 y 2014 el número de refugiados que han muerto o desparecido en el Mediterráneo ascendió a más de 23.000.[4] *Le Monde Diplomatique* da una cifra más concreta: 23.258.[5] Pero el mar no es la única trampa mortal a la que se enfrentan los refugiados: cientos de ellos mueren de hambre, de sed y de frío, asfixiados en los

4. Sylke Gruhnwald y Alice Kohl, «Die Toten vor Europas Toren» [Los muertos a las puertas de Europa], *Neue Zürcher Zeitung*, 2 de abril de 2014, <http://www.nzz.ch/die-toten-vor-europas-tueren-1.18272891> (consultada el 28 de diciembre de 2016).

5. Jean-Marc Manach, «Ces gens-là sont morts, ce ne sont plus des migrants», *Le Monde Diplomatique*, 31 de marzo de 2014, <http://www.monde-diplomatique.fr/carnet/2014-03-31-mortsaux-frontieres> (consultada el 28 de diciembre de 2016).

camiones en los que cifraban su salvación o tratando de cruzar campos minados. Según las estimaciones del Alto Comisionado de las Naciones Unidas para los Refugiados (ACNUR), entre 2014 y 2016 murieron ahogadas en su travesía a Europa 10.000 personas más. Y es una catástrofe para la que no hay solución a corto plazo.[6]

Desde la distancia que le confiere la edad y la experiencia, Brunhilde Pomsel se pronuncia a su manera sobre esta nueva realidad:

> Hablo de la indiferencia de la gente en general, la misma que puede observarse hoy. ¡Que seamos capaces de permanecer impasibles después de ver las noticias y enterarnos de las atrocidades cometidas en Siria y de todas esas personas que se ahogan en el mar a centenares! Vemos todo eso en las noticias, sí, pero luego cambiamos de canal y nos tragamos un programa de variedades. Nadie va a mover un dedo por una noticia que ha visto en la tele. Así es la vida, creo yo. Siempre ha de haber un poco de todo.

Una vez entresacados las afirmaciones y los episodios centrales de la biografía de Brunhilde Pomsel, no parece que haga falta insistir en la importancia fundamental que tendrá la actitud de todos y cada uno de nosotros en la futura evolución y el destino de las democracias occidentales.

---

6. Lutz Haverkamp y Markus Grabitz, «10.000 Tote seit 2014 im Mittelmeer» [10.000 muertos en el Mediterráneo desde 2014], *Der Tagesspiegel*, 7 de junio de 2016, <http://www.tagesspiegel.de/politik/europaeische-union-und-diefluechtlinge-10-000-tote-seit-2014-im-mittelmeer/13701608.html> (consultada el 28 de diciembre de 2016).

La ciudadanía europea aún está a tiempo de recuperar su voz cantante y exigir libertad, igualdad, fraternidad. Las reivindicaciones de la Revolución Francesa son los cimientos sobre los que se han construido las democracias europeas, pero no existe la menor garantía de que vayan a resistir. Llegan tiempos que exigirán la defensa vehemente y manifiesta de unos valores democráticos que corren serio peligro; si seguimos instalados en esa muda pasividad, cambiando de canal para ver nuestro «programa de variedades», será una minoría radical la que se adueñará de la escena política con sus consignas, odio y calumnias contra todo aquel que no encaje en su visión del mundo. Esa minoría envenenará el ambiente, ganará votos difundiendo sus mentiras y su odio, y no podemos descartar que llegue al poder. Con nuestra indiferencia y nuestra pasividad nos arriesgamos a propiciar una debacle moral que convertiría los actos más vergonzosos en un ejercicio rutinario. Cuando el temor por el bienestar personal de cada cual conduzca a objetivar, estigmatizar, deshumanizar y abandonar definitivamente a su suerte a refugiados como los que llegan hoy de Siria o arriesgan la vida cruzando el Mediterráneo, la búsqueda de soluciones simplistas echará por tierra todo lo que hemos construido en Europa sobre la base del humanismo durante los últimos setenta años.

La inminente recaída de Turquía en un régimen dictatorial, el Brexit, la crisis gubernamental italiana, la ruptura con los principios democráticos y el Estado de Derecho en Hungría y Polonia, el crecimiento electoral de AfD en Alemania y los alarmantes resultados del FPÖ en Austria, amén del temible ascenso de otros populistas de ultraderecha como la francesa Marine Le Pen y el holandés Geert Wilders, son, tomados en conjunto, el mayor desafío para el orden de paz europeo desde la Segunda Guerra Mundial. Porque el objetivo declarado del populismo de derechas es el desmantelamiento de la Unión Europea y el regreso a la homogeneidad nacional de los viejos Estados. Cuando un partido como AfD obtiene más del 20 por ciento de los votos con aparente facilidad, como sucedió en marzo de 2016 en el estado federado de Sajonia-Anhalt, hay que deducir que la derecha tiene potencial para darle un vuelco a la escena política. Poco importa que esos resultados se deban en parte al voto de protesta. Porque es ahí donde reside el mayor peligro de la ultraderecha, en su poder para encauzar la protesta. El vertiginoso ascenso del populismo reaccionario de AfD nos retrotrae inevitablemente al ascenso del Partido Nazi, cuyo apoyo popular subió como la espuma durante la República de Weimar. El Partido Nacionalsocialista obtuvo al principio un 18 por ciento de votos, luego un 30 por ciento y, tras la victoria electoral de 1933, puso punto final a la democracia. Muy iluso habría que ser para dar por sentado que la AfD no conseguirá más votos o que el FPÖ austríaco no tiene la menor posibilidad de llegar a la cancillería en un futuro próximo. Atravesamos en Europa un período de gran inestabilidad democrática. Y las cosas no van mucho mejor en Estados Unidos, la nación que ejercía hasta ahora de garante mundial de los principios democráticos.

El candidato republicano Donald Trump ha ganado las elecciones presidenciales de Estados Unidos tras echarles la culpa a los musulmanes, los latinos y otras minorías —así como al «viejo» *establishment* de Washington— del ocaso del sueño americano o, para ser más exactos, de la decadencia de la clase media blanca del país. En su estela política navegan entre otros el movimiento ultraderechista Alt-Right, cuya cabeza visible, Richard Spencer, instó a sus seguidores a celebrar la victoria electoral de Trump con estas palabras: «Celebrémoslo como en 1933» (cuando Hitler llegó al poder).[7] El éxito del movimiento encabezado por Trump no se alimenta únicamente de la rabia contra los inmigrantes o los refugiados, sino también, y por encima de todo, de la rabia contra el *establishment* democrático. Trump consiguió seducir y llevar a las urnas a millones de estadounidenses heridos con el eslogan «Make America Great Again!» y una retahíla interminable de consignas racistas contra musulmanes, mexicanos y latinoamericanos en general, que parecían calcadas a aquellas de las que se han valido desde hace tiempo los populistas reaccionarios europeos. «Si funcionan allí —debió de pensar—, ¿por qué no habrían de funcionar aquí?» En las primarias apeló al desencanto y la frustración de la clase trabajadora blanca y un sector de la clase media blanca, y afianzó sus votos con sus constantes exabruptos sexistas y racistas. El desprecio a los integrantes de ciertos colectivos se convirtió de la noche a la mañana en una actitud aceptable. Ya no se trataba de la lucha de clases habitual, sino de un conflicto más cultural sustentado en la conjura de gran parte de la

7. John Woodrow Cox, «Let's Party Like It's 1933: Inside the Altright World of Richard Spencer» *Washington Post*, 22 de noviembre de 2016, <https://www.washingtonpost.com/local/lets-party-like-its-1933-inside-the-disturbing-alt-right-worldof-richard-spencer/2016/11/22/cf81dc74-aff7-11e6-840fe3ebab6bcdd3_story.html> (consultada el 28 de diciembre de 2016).

población blanca contra los progresos sociales de la legislatura demócrata anterior. La integración de los inmigrantes, los derechos de las mujeres y los homosexuales... De pronto todo volvía a ponerse en tela de juicio. Se trataba, en fin, de dinamitar los cimientos de la solidaridad.

El gusto por romper con los tabúes también ha ayudado a Donald Trump, que se ha dedicado a rebajar a las élites de Washington y a casi todas las minorías posibles de un país de inmigrantes como es Estados Unidos al más bajo escalafón moral. Resta por ver si logrará desmantelar las estructuras democráticas del país o se conformará con socavarlas de mala manera.

Durante algún tiempo se restó importancia al discurso del magnate inmobiliario, cuajado de salidas de tono y proclamas sesgadas, pero fueron precisamente sus exabruptos los que lo convirtieron en un fenómeno mediático. Y Trump ha sabido sacarle el máximo partido a su notoriedad. Los recuerdos que Brunhilde Pomsel guarda de Joseph Goebbels, de sus discursos y las reacciones de la masa enardecida nos reafirman en una certidumbre: la corrupción demagógica de un pueblo al que se le ofrecen soluciones simplistas y radicales para sus problemas funcionaba entonces igual de bien que lo hace ahora. Que Pomsel tardara tanto en descubrir para quién trabajaba en realidad se aviene con esa ingenuidad de la que se confiesa culpable, la misma que la condujo primero a la radio del Reich y más tarde a su Ministerio de Propaganda.

La verdadera cara de Goebbels la fui descubriendo poco a poco. Aún me acuerdo, por ejemplo, del famoso discurso de la guerra total que dio en el Palacio de los Deportes.
[...]

Aquel discurso fue un verdadero arrebato, un arrebato de locura. Como si dijera: por mí podéis hacer lo que os dé la gana. Y entonces, como si una avispa hubiera picado a cada uno de los oyentes, el público se volvió loco y empezó a gritar y patalear. Se hubieran arrancado los brazos encantados. El estruendo fue insoportable. A mi lado, mi compañera se estrujaba las manos. A las dos se nos cortó la respiración de puro terror. No tanto por Goebbels ni por la reacción del público, sino por la mera posibilidad de aquel delirio común. Ninguna de las dos formábamos parte de aquella masa, éramos meras espectadoras. Puede que las únicas, vaya usted a saber.

[...]

Parece increíble que un solo individuo fuese capaz de conseguir que cientos de personas se desgañitaran de aquella manera: «¡Sí, queremos la guerra total!». Si se lo cuentas hoy a alguien, seguro que no te cree. Te preguntará si estaban borrachos. No es normal que la gente pierda la cabeza así, de sopetón.

[...]

Lo encontré repugnante, aterrador, aunque con el tiempo aquella sensación fue diluyéndose.

Es notable el parecido con la atmósfera delirante y agresiva de los mítines y discursos de Donald Trump, según la han descrito algunos de sus participantes. Aun así, las invectivas mediáticas que Trump dirigía a medio mundo se acogieron con escasa indignación, lo que no deja de ser sorprendente en el país que exportó su modelo de democracia liberal a la Europa de posguerra. Era como si nadie pudiera concebir que aquel hombre, aquel payaso de la política, pudiera llegar jamás al Despacho Oval. Ni siquie-

ra cabe descartar que su victoria sorprendiera al propio
Trump. Y, desde luego, puede que en Europa nos aguar-
den más sorpresas similares.

En el discurso inusualmente moderado que pronunció
tras ganar las elecciones, Trump dijo que en su camino a
la presidencia había encabezado un movimiento popular,
dando a entender que, en el fondo, no otorga el menor
crédito a las instituciones democráticas establecidas. La
alusión a un movimiento surgido del pueblo ha sido desde
siempre un recurso común de los líderes autoritarios para
tratar de sustraerse al control de instancias democráticas
legítimas. «Que ahora, estando ya en la cumbre del poder,
vaya a dejarse apretar las tuercas por las mismas fuerzas
que no pudieron frenarlo en su camino a la Casa Blanca es
una posibilidad tan remota que no podrían sopesarla seriamente ni los más empedernidos arquitectos de castillos
en el aire», advertía entonces Richard Herzinger en *Die
Welt*.[8] Y aunque al final Trump se vea obligado a obrar
con mayor moderación de la que promete, gracias al sistema de *checks and balances* que establece la Constitución
estadounidense y determina el control bilateral de distin-
tos órganos constitucionales, es evidente que ha logrado
envenenar el clima político de su país por muchos años, o
tal vez décadas. Los perdedores del sueño americano nece-
sitaban encontrar un chivo expiatorio y Donald Trump se
lo ha proporcionado: la culpa de la precaria situación de

---

8. Richard Herzinger, «Trump weiter zu unterschätzen ist selbst-
mörderisch» [Seguir subestimando a Trump sería suicida], *WeltN24*,
10 de noviembre de 2016, <https://www.welt.de/debatte/kommentare/
article159392876/Trump-weiterzu-unterschaetzen-ist-selbstmoerde
risch.html> (consultada el 28 de diciembre de 2016).

los marginados del país la tienen —o eso se desprende de sus arengas— los musulmanes, los latinoamericanos y los chinos. Y los inmigrantes en general, por descontado, que roban a los estadounidenses sus puestos de trabajo. En definitiva, es la globalización entera la que ha sido puesta en la picota.

Con Donald Trump llega por primera vez a la Casa Blanca un hombre cuyos desplantes al *establishment* democrático han ejercido una influencia notoria y alarmante entre los populistas de la ultraderecha europea, que ven a tiro la posibilidad de seguir su estela y reinstaurar los viejos nacionalismos.

Las implicaciones del ideario de Trump para la democracia las ha descrito con gran acierto el politólogo Albrecht von Lucke. Su disyuntiva constante de amigos y enemigos, su concentración en la política interior y su descuido de las relaciones internacionales plantea un problema de gravísimas consecuencias que explica en parte el júbilo de los populistas europeos. «Trump podría ser la punta de lanza de una nueva forma de democracia que ya no se entiende como un sistema diverso y plural, sino como un bloque nacionalmente homogéneo. Viktor Orbán interpretaba la importancia de su victoria de forma similar con sus fabulaciones sobre el triunfo de la verdadera democracia. Lo que asoma hoy la cabeza es en realidad otra forma de democracia, sin Estado de derecho y sin oposición.»9 Von Lucke teme que estas nue-

9. Albrecht von Lucke, «Trump und die Folgen: Demokratie am Scheideweg» [Trump y sus epígonos: la democracia en la encrucijada], *Blätter für deutsche und internationale Politik*, diciembre de 2016, pp. 5-9.

vas democracias den paso a algún líder carismático que se encargue de cumplir la supuesta voluntad del pueblo, como rezaba el viejo eslogan nacionalsocialista de «Ein Volk, ein Reich, ein Führer»: un pueblo, un imperio y un caudillo.

Europa es un terreno sumamente fértil para esta clase de involuciones. Buena parte del éxito de los populistas de derechas occidentales se debe a que han sabido plantar batalla y movilizar a los excluidos sociales. Entretanto, la clase media sigue dormida en los laureles, ajena al riesgo que eso implica, ya se trate de la paulatina fragmentación de la sociedad y la abolición de su espíritu solidario o de la desintegración fulminante de la democracia de corte occidental tal como la entendíamos.

El mismo desinterés político que caracterizaba al entorno de Brunhilde Pomsel en el ilustre barrio berlinés de Südende cunde hoy entre la ciudadanía alemana, tradicionalmente tan altruista. Lo cierto es que los alemanes recibieron sin demasiadas protestas las manifestaciones del bloque PEGIDA, en cuyos momentos de éxtasis, como sucedió en el mitin que dio en Dresde el orador turco-alemán Akif Pirinçci, llegaron a incitar de forma explícita al odio contra un sector de la población y a vulnerar de manera pública la dignidad humana de los musulmanes.

El miedo y la ignorancia son, visto lo visto, los motivos fundamentales de que la cifra de refugiados que perecen ahogados en el Mediterráneo nos deje fríos y seamos capaces de tolerar el cierre de las fronteras y observar en silencio los perniciosos efectos del odio que la extrema derecha se dedica a propagar impunemente, fenómenos todos ellos que parecen augurar el regreso de una de las épocas más oscuras de la humanidad.

Según se desprende de su relato, Brunhilde Pomsel no tuvo la menor noticia de lo que estaba sucediendo hasta que echó en falta el jabón que le compraba a su vecina judía Rosa Lehmann Oppenheimer. En 1943, cuando desapareció su amiga Eva Löwenthal, bien podía haber sabido que a los judíos no se les reasentaba exactamente en el Este, y que los campos de concentración no se habían creado para reeducar a los ciudadanos críticos con el régimen, como pretendía la propaganda puesta en marcha tras su fundación. Pero no lo sabía.

Su biografía debería interesarnos porque pone de manifiesto un aspecto esencial de nuestra naturaleza. Brunhilde Pomsel es la personificación de nuestros miedos, nuestra arrogancia, nuestro menosprecio a una libertad que se ganó con esfuerzo y con sangre... y nuestra indiferencia hacia los mecanismos de fractura y embrutecimiento social que ha traído la globalización.

Hasta que Hitler se hizo con el poder, ningún miembro de la familia Pomsel tenía el menor prejuicio antisemita. Ella describe su círculo de amistades a los veintidós años como una pandilla apolítica de niños mimados. La estampa es familiar: los chicos con sus camisas blancas, tirantes y americanas, zapatones de cuero, la raya bien marcada y el pelo engominado; las chicas, vestidas a la moda. Algo más elegantes que el berlinés medio, se entiende. Las motocicletas causaban sensación y las cervezas en el bar eran la justa compensación y el punto de fuga de una época marcada por el declive económico y la transformación política. El teléfono era un lujo que muy pocos podían disfrutar, los periódicos estaban reservados

a los adultos, la radio y la televisión se encontraban aún
en pañales, las tendencias más modernas seguían esperando el pistoletazo de salida y la política era para la pandilla de Brunhilde un terreno completamente desprovisto
de interés y en el que, de todas formas, nadie iba a tomar en serio a un menor (la mayoría de edad no se adqui-
ría hasta los veintiún años). En su círculo de amigos no
había ningún judío, exceptuando a su buena amiga Eva
Löwenthal.

Antes de 1933 nadie les prestaba ninguna atención a los
judíos, todo eso se lo sacaron de la manga los nazis. El nacionalsocialismo nos inculcó que eran otra clase de personas. Y luego eso desembocó en el programa de exterminio.
Nosotros no teníamos nada en contra de los judíos. Al contrario. Mi padre estaba muy contento de tener clientes judíos. Casi todos tenían dinero y pagaban bien. De niños
jugábamos con sus hijos. Había una niña, Hilde, que era
muy maja. Y en la casa vecina había un niño judío de mi
edad con quien también jugábamos de vez en cuando. Y luego estaba nuestra querida Rosa Lehmann Oppenheimer
con su tienda de jabón, también me acuerdo de ella. Vamos, que ni se nos pasó por la cabeza que pudiera haber
algún problema con los judíos. De pequeños, desde luego
que no. Y cuando llegó el nacionalsocialismo tampoco lo
vimos venir. Estábamos demasiado ocupados aplaudiendo
a nuestro querido Führer. ¿Y por qué no? Hasta 1933 poquísima gente se había parado a pensar en los judíos. Lo
primero era conseguir un trabajo y unos ingresos. En la
guerra lo habíamos perdido todo y con el Tratado de Versalles nos habían tomado el pelo, como luego nos hicieron
comprender.

En general, no teníamos la menor idea de lo que nos esperaba con Hitler al timón.

Brunhilde Pomsel puede afirmar tranquilamente que no vio venir las consecuencias del encumbramiento de Adolf Hitler, pero esa es una clase de ignorancia que hoy, con los medios de masas a nuestra disposición y la hiperinformación de Internet, resulta del todo imposible en ninguna sociedad occidental. Cada abuso, cada discurso y cada atropello del populismo reaccionario se vuelve viral en un momento y se realimenta en las redes sociales, donde se almacena y se difunde con suma facilidad. Con todo, el gigante de internet que es Facebook ha logrado eximirse hasta la fecha de cualquier responsabilidad en la difusión de propaganda y mensajes que inciten al odio, cuando hace ya tiempo que sabemos que esta y otras plataformas similares constituyen el principal medio de radicalización y movilización de millones de personas. El algoritmo de Facebook proporciona al alma radical todo lo que anhela, pues se basa en el interés del contenido y no en su grado de veracidad. Los contenidos que favorece el algoritmo realimentan los prejuicios y reafirman la visión del mundo que cada cual tenía de antemano. En los últimos años las redes sociales han desarrollado una dinámica que deja bien patente su pernicioso potencial. Poco o nada tienen ya que ver con el espíritu de la Red que celebraban los pioneros de la comunidad de Internet a principios del nuevo milenio como un medio que potenciaría la transparencia, la democracia y los movimientos liberales. La Red ha degenerado en una catapulta de odio capaz de propagar como la pólvora el descontento que aqueja a ciertas capas de la población.

Los populistas de derechas han comprendido que pueden valerse de la Red para conseguir una publicidad considerable sin necesidad de la prensa, al tiempo que recurren a una vieja estrategia equiparable a la de los nacionalsocialistas de antaño: la de las listas negras de los medios difusores de mentiras, un concepto que empleó en su día Joseph Goebbels para denunciar a sus críticos y en el que el principal ideólogo del nacionalsocialismo cifraba la antítesis de la verdadera voluntad del pueblo. Los populistas reaccionarios de nuestros días tienen también sus propios métodos para despojar de razón a la realidad. La *posverdad*, palabra del año 2016, ha pasado a ser sinónimo de la nueva —y vieja— estrategia de los populistas de derechas para ganarse a la opinión pública mediante la difusión de mentiras y calumnias.

La campaña electoral de Donald Trump no habría alcanzado ni la mitad de sus objetivos sin la difamación constante de la prensa y la difusión de verdades imaginarias a través de las redes sociales, un soporte ideal para el intercambio de opiniones similares que poco a poco va radicalizando a sus usuarios.[10] Al recurrir a campañas de agitación constantes, los populistas de la derecha se han aprovechado sin ningún escrúpulo de la creciente desconfianza hacia los medios tradicionales para propagar sus teorías conspirativas sobre las secuelas de la crisis y el

10. Timo Steppat, «Wie Populisten durch Facebook groß werden» [El crecimiento del populismo por medio de Facebook], *Frankfurter Allgemeine Zeitung*, 11 de noviembre de 2016, <http://www.faz.net/aktuell/politik/inland/wie-facebook-populisten-wie-trump-afd-und-pegida-gross-macht-14518781.html> (consultada el 28 de diciembre de 2016).

miedo a la globalización y a la ola de refugiados, a fin de seducir a sus desconcertados votantes.

La desconfianza hacia los medios tradicionales está muy extendida entre los jóvenes de entre dieciocho y treinta y cinco años, que obtienen buena parte de su información diaria en las redes sociales. Según un sondeo en el que participaron 90.000 austríacos, el 85 por ciento de los ciudadanos de esa franja de edad no se fía de la prensa convencional.[11] Igual de sorprendente resulta un estudio realizado para el Barómetro de Confianza. Entre 2015 y 2016, la agencia de relaciones públicas Edelman encuestó a más de 30.000 personas de 28 países del mundo sobre la confianza que les merecían sus élites gubernamentales. En más de la mitad de países europeos, la confianza que el grueso de la ciudadanía deposita en los poderes políticos, económicos y también informativos ha descendido ya por debajo del 50 por ciento.[12]

En Europa crece la inquietud por el impacto electoral que pueda tener la propagación de noticias falsas y mentiras flagrantes en la Red, como se argumentó tras las últimas elecciones presidenciales de Estados Unidos. Y con sobrada razón, pues varios medios partidarios de Trump, entre los que destaca el sitio web xenófobo *Bre-*

---

11. Hasnain Kazim, «Ungefiltert FPÖ» [El Partido de la Libertad de Austria al desnudo], *Spiegel Online*, 30 de noviembre de 2016, <http://www.spiegel.de/kultur/gesellschaft/rechtemedien-in-oesterreich-ungefiltert-fpoe-a-1123653.html> (consultada el 28 de diciembre de 2016).

12. «Trust Barometer – Global Results», *Edelman*, 17 de enero de 2016, <http://www.edelman.com/insights/intellectual-property/2016-edelman-trust-barometer/global-results> (consultada el 28 de diciembre de 2016).

itbart News Network, difundieron, a sabiendas, noticias falsas en Internet para prender la mecha del odio a los musulmanes y otras minorías del país. *Breitbart* también se encargó de publicar, como si fueran hechos confirmados, multitud de rumores contra la candidata Hillary Clinton.

A Clinton no se le afeaba únicamente la filtración de sus correos electrónicos o que fuera la marioneta interesada de Wall Street. Se le achacó además la culpa del atentado al consulado estadounidense de la ciudad libia de Bengasi perpetrado el 11 de septiembre de 2012, pese a que estas acusaciones se refutaron tiempo atrás, y se anunció sin ningún reparo un nuevo escándalo sexual de su marido, el expresidente Bill Clinton, sin aportar la menor prueba que lo corroborara.

También en Alemania existen medios similares, como *COMPACT-Magazin,* especializados en difundir teorías conspirativas que no van a la zaga a las que Trump va sembrando por el orbe. Se habla aquí, por ejemplo, de una «inversión étnica» del pueblo alemán, llevada a cabo de forma consciente por grupos de inmigrantes, se tacha a partidos democráticos legítimos de «traidores del pueblo», y se difunden noticias no verificadas sobre presuntos abusos cometidos por refugiados que luego resultan ser falsas, aunque para entonces ya hayan corrido por las redes sociales como un reguero de pólvora y hayan desplegado todo su potencial demagógico. Para el populismo de derechas no hay nada sagrado. Y si la estrategia de difamación y tergiversación de los hechos ha dado sus frutos en Estados Unidos, también podría darlos en las elecciones que se avecinan en Europa. Y es que la insidia que los Goebbels de antaño «solo» podían difundir a través de la radio o el cine tiene hoy mucha más resonancia mediante Internet, con las consecuencias que eso implica.

Brunhilde Pomsel guarda un recuerdo particular de la escalada de agitación popular que desembocaría más tarde en el exterminio de los judíos:

El cómo y el porqué lo ignorábamos. No supimos nada hasta que llegó aquella noche atroz de noviembre de 1938 conocida como la Noche de los Cristales Rotos. Nos quedamos de piedra. Parecía imposible que algo así pudiera pasar. Que los judíos recibieran tales palizas, los judíos y las personas en general... Todos aquellos escaparates rotos y los comercios judíos saqueados. ¡Y en todos los barrios! Aquel día los nazis se quitaron la careta, y a los demás se nos cayó la venda de los ojos. A partir de entonces se empezó a hablar del tema. Un conocido te contaba que un pelotón uniformado había sacado a unos vecinos de su casa y se los había llevado. ¿Adónde? A saber. Fue algo espantoso para todos. También para los que nunca nos habíamos interesado por la política.

¿Bastará hoy con ese espanto más o menos pasivo para plantar cara al odio latente que una parte cada vez más numerosa de la población siente hacia determinadas minorías? El horror que describe Brunhilde Pomsel y contra el cual no podía existir ya objeción alguna, puesto que la dictadura se había instaurado a todos los efectos, había sido precedido por un progresivo y sibilino proceso de radicalización muy parecido al actual. También los nacionalsocialistas comenzaron por difamar a los judíos antes de llegar al poder y promulgar sus leyes antisemitas para emprender luego la persecución pública que llegó a su auge en ese inconmensurable exponente que es la Noche de los Cristales Rotos. A partir de aquel día los nazis no encontraron ninguna oposición apreciable por parte de la población alemana. Hoy, y desde hace ya algún tiempo, las consignas de incitación al odio y la difamación de las minorías y las élites gubernamentales siguen surtiendo su efecto, tanto en Europa como en Estados Unidos.

A lo largo de 2016 Donald Trump emponzoñó el clima político estadounidense con una campaña electoral dirigida sin ningún reparo contra los musulmanes y otras minorías. Y es algo que va a traer cola en un país de inmigrantes como Estados Unidos, que desde siempre ha sido un modelo de convivencia multicultural. Los resultados de su retórica populista nos traen a la memoria nuestros años más aciagos, pues en su estado embrionario se parecen bastante a los del odio instigado por la incipiente dictadura nacionalsocialista. Después de los atentados contra el World Trade Center del 11 de septiembre de 2001 hubo un aumento considerable de las agresiones a musulmanes en Estados Unidos, aunque al cabo de unos años se registraba ya cierta disminución de la violencia islamófoba. Pero tras la campaña de Trump, y antes incluso de su victoria en las urnas, los expertos auguraban un nuevo incremento del número de agresiones contra minorías y, muy en especial, contra musulmanes. Como era de temer, desde la jornada electoral del 8 de noviembre de 2016, la cifra de delitos de odio en Estados Unidos se ha disparado. Inmediatamente después de la elección de Donald Trump como 45.º presidente de Estados Unidos, el Southern Poverty Law Center registraba más de 900 partes de vejaciones y posibles delitos de odio.[13]

Fue la misma mezcla de miedo, pasividad e ignorancia ante el avance del populismo reaccionario la que dejó a los británicos en estado de shock cuando tomaron conciencia de las consecuencias del Brexit. Inmediatamente después del referéndum, el número de agresiones a extranjeros se multiplicó. A los pocos días de que el pueblo británico decidiera apearse de la Unión Europea, la policía de Londres disponía ya de cifras concretas, que confirmaban el efecto pernicioso de la campaña electoral del Brexit, diseñada para predisponer a la población contra los inmigrantes y, muy particularmente, contra los procedentes de Europa del Este. Entre la jornada electoral del 23 de junio y finales de julio de 2016 se registraron en Londres más de 2.000 agresiones racistas.[14]

Y el 11 de noviembre de 2015, no mucho antes de que los polacos de Londres experimentaran el racismo británico en sus propias carnes, varias organizaciones polacas de

13. «Ten Days After: Harassment and Intimidation in the Aftermath of the Election», *Southern Poverty Law Center*, noviembre de 2016, <https://www.splcenter.org/20161129/tendays-after-harassment-and-intimidation-aftermath-election#antimuslim> (consultada el 28 de diciembre de 2016).

14. Benedikt Peters, «Gewalt gegen Ausländer geht nicht mehr weg» [La violencia xenófoba no se erradicará], *Süddeutsche Zeitung*, 30 de septiembre de 2016, <http://www.sueddeutsche.de/politik/grossbritannien-gewalt-gegenauslaender-geht-nicht-mehr-weg-1.3185999> (consultada el 28 de diciembre de 2016).

extrema derecha marchaban por las calles de Varsovia al grito de «¡Polonia para los polacos!» en una marcha de separatistas de la UE contrarios a la acogida de refugiados. Y lo más alarmante del caso es que los manifestantes no eran solo nacionalistas de ultraderecha al uso, sino también personas que cabría suponer de centro.[15] En los años noventa, la República Federal Alemana hubo de soportar una ola de violencia xenófoba atroz que se cobró algunas víctimas mortales en albergues de acogida e incluyó asedios de varios días a los centros de Hoyerswerda en 1991 y Rostock-Lichtenhagen en 1992, además de los atentados contra familias de origen turco perpetrados en Mölln (1993) y en Solingen (1996), en los que ocho personas perdieron la vida. En Alemania se ha recrudecido la animosidad xenófoba desde que comenzó la crisis de refugiados. La Fundación Amadeu Antonio y la plataforma PRO ASYL destacaban en un informe que en el año 2015 se habían registrado en Alemania 1.072 ataques violentos contra albergues de acogida de refugiados, entre ellos 136 incendios provocados, que se saldaron con un total de 267 heridos. El aumento de esta clase de delitos resulta aún más inquietante si cabe porque coincide con el auge de la formación ultraderechista AfD. Con sus consignas xenófobas y sus vínculos con las fuerzas radicales del movimiento PEGIDA, la

15. Jörg Winterbauer, «Flüchtlingsfrage eskaliert in Form von körperlicher Gewalt» [El problema de los refugiados se agrava en forma de violencia física], *WeltN24*, 4 de diciembre de 2015, <https:// www.welt.de/politik/ausland/article149607210/Fluechtlingsfrageeskaliert-in-Form-von-koerperlicher-Gewalt.html> (consultada el 28 de diciembre de 2016).

AfD ha contribuido sin duda a alcanzar este triste récord de violencia xenófoba, la cual aumentó en 2016 en más de un 44 por ciento con respecto al año anterior. Hablamos de atentados con heridos que podrían haberse saldado con más de un muerto, pues los albergues de acogida fueron atacados a pedradas, con salvas de mortero, artefactos incendiarios o incluso armas de fuego y artefactos explosivos. A diferencia de lo que sucedió en los años noventa, esta nueva ola de xenofobia no ha suscitado manifestaciones de repulsa significativas.

Es posible que Brunhilde Pomsel se viera obligada asistir de brazos cruzados a los horrores del nazismo que presenció en las postrimerías de la dictadura. ¿Y nosotros? En los años noventa, tras los atentados de Mölln y Solingen, los conciertos y las cadenas humanas con velas encendidas se sucedieron durante semanas para dar fe de la voluntad de un país que se oponía a la ultraderecha radical. En diciembre de 1992, en Fráncfort, 150.000 personas asistieron a un concierto bajo el lema de «¡Hoy, ellos! ¡Mañana, tú!». Y en Múnich más de 400.000 personas se lanzaron a las calles el 6 de diciembre de 1992 con pancartas y velas encendidas para protestar contra la xenofobia y la ultraderecha.[16]

¿Y hoy? ¿Hasta qué punto cabe responsabilizar a nuestra indolente burguesía moderada de que en el año 2016 la Oficina Federal de Investigación Criminal de Alemania alertara sobre un recrudecimiento de los actos violentos

---

16. Giovanni Di Lorenzo, «Als München Nein sagte» [Cuando Múnich dijo no], *WeltN24*, 2 de diciembre de 2012, <https://www. welt.de/print/wams/muenchen/article111757587/Als-Muenchen-Nein-sagte.html> (consultada el 28 de diciembre de 2016).

contra extranjeros, gestores de albergues de acogida y
políticos? ¿No será que la extrema derecha, tan fragmentada hasta ahora, ha logrado un consenso mucho mayor
en torno al concepto de refugiado como enemigo que la
supuesta mayoría de las personas que se sienten ligadas
al orden democrático y los principios del Estado de Derecho?

¿Una sociedad cimentada sobre las libertades democráticas como la nuestra puede permitir que unos cuantos radicales opuestos a la admisión de refugiados bloqueen el
acceso a un albergue de acogida, como sucedió hace poco
en la localidad sajona de Clausnitz? En las imágenes y ví-
deos que circularon por la red, el mundo entero vio a un
centenar de manifestantes bloquear la entrada al albergue
de Clausnitz, cerrando el paso a un autobús al grito de
«¡somos el pueblo!» e impidiendo que se apearan del vehí-
culo sus pasajeros, unos refugiados de guerra asustados y
traumatizados que necesitaron la intervención de la policía
para ponerse a salvo. ¿Callaremos hasta que sea demasiado tarde y solo quepa ya enmudecer de horror ante las
atrocidades que nos rodean y seguir con nuestra vida como
si nada, como le sucedió a la secretaria de Goebbels?

Cuando uno piensa en los tiempos de Hitler y el Tercer
Reich, permanece siempre en primer plano el Holocausto
como punto de fractura de una civilización. Pero la historia del nacionalsocialismo comenzó mucho antes; las bri-
gadas de matones de las SA campaban por las calles mucho antes; los enfrentamientos con los demócratas se dieron
mucho antes. El primer intento de golpe de Estado se re-
monta a 1923. De hecho, la fachada y la ideología del nacionalsocialismo fueron construyéndose poco a poco. Y aunque en su paraíso de Südende Brunhilde Pomsel no tuviera

ningún interés en la política de su país, la transformación
se efectuaba subrepticiamente. Aventurar una comparación con el presente no equivale a relativizar el nacionalsocialismo. No se trata de establecer paralelismos genera-
les ni acotar cada una de las posibles similitudes entre el
pasado y el presente, sino de señalar los indicios actuales
del peligro que entrañan las nuevas corrientes radicales.
Y son indicios que, tomados en conjunto, revisten a estas
alturas suficiente gravedad.

Como antaño, el populismo de derechas trata de despertar los instintos más primitivos de la sociedad, presentando a ciertos colectivos como enemigos del pueblo. La
gente siempre acaba odiando a otras personas por falta de
verdadera autoestima, para sentirse mejor. Es este mecanismo el que convierte el desprecio y el odio en herramientas
colectivas muy eficaces para nutrir la autoestima popular.

Para comprender hasta qué punto los populistas recurren indiscriminadamente al racismo más vil y a las amenazas de liquidar a sus opositores basta con apuntar un par de
ejemplos entresacados de sus discursos incendiarios:

En diciembre de 2015 el entonces candidato republicano a la presidencia de Estados Unidos Donald Trump exi-
gió, entre atronadores aplausos, prohibir la entrada de
musulmanes en el país. Poco tiempo después reivindicaba
el uso del llamado *racial profiling*, la práctica de arrestar a
personas consideradas sospechosas por el color de su piel
o su origen étnico.[17]

---

17. Emily Schultheis, «Donald Trump: U.S. Must Start Thinking
About Racial Profiling», *CBS News*, 19 de junio de 2016, <http://
www.cbsnews.com/news/donald-trump-after-orlando-racialprofiling-
not-the-worst-thing-to-do> (consultada el 28 de diciembre de 2016).

En octubre de 2016 Björn Höcke, presidente del grupo parlamentario AfD en el estado federado de Turingia, exhortó con total tranquilidad a borrar del mapa a las élites nacionales: «Nuestra vieja élite política, como yo la llamo, está completamente desgastada. No solo nuestros partidos políticos están viejos, sino que también lo están los medios y las élites. En este país hay que poner un poco de orden y nuestra vieja élite política está tan desgastada que tendrá que marcharse. Nosotros nos encargaremos de borrarla del mapa».[18]

El llamamiento recuerda de forma más bien funesta a una arenga que lanzó Joseph Goebbels por la radio en julio de 1932, algo más de medio año antes de que los nacional-socialistas llegaran al poder: «Con los partidos y sistemas que nos son hostiles no tenemos nada que negociar, lo único que queremos es eliminarlos».[19] Al poco tiempo el Partido Nazi ostentaba el poder y, como Goebbels había anunciado, comenzaba a quitar de en medio a sus adversarios políticos.

En enero de 2017 Höcke echaba más leña al fuego para regocijo de los asistentes a un mitin de la AfD, al aludir al monumento conmemorativo del Holocausto en Ber-

18. Björn Höcke, charla en Osburg bei Trier, 11 de octubre de 2016, <http://www.fliesstexte.de/2016/10/11/thueringer-afd-chef-will-menschen-entsorgen-empoert-das-irgendwen> (consultada en octubre de 2016).

19. Joseph Goebbels, «Der Nationalcharakter als Grundlage der Nationalkultur» [El carácter nacional como fundamento de la cultura patria], discurso radiado, 18 de julio de 1932, <https://archive.org/details/19320718JosephGoebbelsRundfunkVortragDerNationalcharakterAlsGrundlageDerNationalkultur11m43s_201611> (consultada el 28 de diciembre de 2016).

lín en estos términos: «El pueblo alemán, nuestro pueblo, es el único del mundo capaz de plantar un monumento a la vergüenza en el centro de su capital».[20] Con ello no solo pisoteaba la memoria de seis millones de judíos exterminados, sino que llamaba a relativizar el crimen contra la humanidad más pavoroso de la historia, un genocidio de proporciones casi inverosímiles.

En septiembre de 2015 Marine Le Pen se centró en la política de acogida de refugiados de la canciller Angela Merkel para apuntalar sus ambiciones políticas de cara a las elecciones presidenciales francesas con un discurso sumamente claro pronunciado en Bruselas, en el que afirmaba que la soberanía de los países de la Unión Europea está «amenazada por un enemigo [...] que trabaja y conspira a un par de calles de aquí». Se refería en estos términos a «la eurodictadura de la Comisión Europea», que trata de disimular su verdadera naturaleza, «la de una maquinaria pensada para aplastar al pueblo y sembrar la austeridad por doquier [...] y que, para colmo, cuenta ahora con una anfitriona de excepción dispuesta a recibir a todos los inmigrantes ilegales del mundo».[21]

20. «Linken-Politiker erstattet Strafanzeige gegen Höcke», *Spiegel Online*, [Un político de la izquierda presenta una denuncia contra Höcke], 18 de enero de 2017, <http://www.spiegel.de/politik/deutsch-land/bjoern-hoecke-zentralrat-der-juden-ist-empoertueber-rede-des-afd-politikers-a-1130520.html> (consultada el 18 de enero de 2017).

21. Agence France Presse, «Le Pen attackiert Flüchtlingspolitik von "Kaiserin" Merkel» [Le Pen arremete contra la política de refugiados de la «emperatriz» Merkel], *Euractiv*, 17 de septiembre de 2015, <https://www.euractiv.de/section/eu-innenpolitik/news/le-penattackiert-fluchtlingspolitik-von-kaiserin-merkel> (consultada el 28 de diciembre de 2016).

Después de leer la biografía de Brunhilde Pomsel, uno tiende a echarle en cara su pasiva simpatía hacia el régimen, pero habría que preguntarse sin falta si nuestra actitud dista tanto de la suya y la de tantos otros simpatizantes del Tercer Reich. ¿No habremos caído en una forma más flagrante de ignorancia e insensibilidad al dejar impunes los discursos incendiarios de esta clase, cuando sabemos perfectamente adónde podrían conducirnos? A diferencia de la generación que vio en Adolf Hitler o en Benito Mussolini la salvación a una situación económica mucho más desesperada que la nuestra o, en todo caso, la que asintió sin protestar cuando usurparon el poder, nosotros disponemos del bagaje histórico necesario para conocer las consecuencias de una dictadura fascista. Y, aun así, nos estancamos en nuestra pasividad. En sus reflexiones, Brunhilde Pomsel considera que a la juventud de hoy en día no puede achacársele la ingenuidad y el desconocimiento de la suya.

La política nos aburría. Cuando oigo lo que dicen las muchachas de hoy en día y veo con qué fuerza expresan su opinión, pienso: «¡Dios santo, qué diferencia!». A veces, más que tener cien años, me parece que son ya trescientos. La forma de vivir es completamente distinta.

Según una encuesta realizada en Alemania y Austria en 2016, no obstante, la fracción de la juventud que manifiesta algún interés por la política no llega al 20 por ciento.[22] Los jóvenes actuales no son la primera generación que cre-

---

22. The Millennial Dialogue Report, 2015, <https://www.millennialdialogue.com/media/1072/germany-italy-polandreport.pdf> (consultada el 28 de diciembre de 2016).

ce apolítica. Lo mismo le sucedió a la llamada «generación
Y» de los nacidos entre 1980 y el cambio de milenio. Edzard Reuter, expresidente de la junta directiva de Daimler,
argumentaba hace poco que los jóvenes de la generación
Y no están preparados para lidiar con las consecuencias
de la crisis porque jamás se han interesado por la política
ni se han comprometido por sus ideales. Reuter llegaba al
extremo de responsabilizarlos del auge del populismo, al
que se lo han puesto facilísimo, pues le basta ahora con
inventarse amenazas cuya veracidad nadie se molestará en
comprobar. Se trata de propaganda barata, muy similar a
la que se difundía a finales de los años veinte y principios
de los años treinta. La generación del 68 habrá cometido
muchos errores, pero al menos entonces había cierto empeño y ganas de pelear, de intervenir en el curso de la historia. El expresidente de Daimler tampoco exime de responsabilidad a las élites de la democracia de nuestros
tiempos. En las órbitas del poder no acaban de entender
que la política es un elemento indispensable de cualquier
democracia. Hoy las controversias políticas se escenifican
exclusivamente para la campaña electoral y no se habla en
absoluto de los problemas reales. «No es de extrañar que
los jóvenes crean que nadie va a contarles la verdad.»[23]
    En Alemania cada vez son menos los estudiantes uni-
versitarios que se interesan por la política, según se desprende de una encuesta realizada por la Universidad de

23. Edzard Reuter, «Die Generation Y hat sich nie für Politik in-
teressiert» [La generación Y nunca se ha interesado por la política],
Zeit Online, 2 de marzo de 2016, <http://www.zeit.de/wirtschaft/
2016-03/edzard-reuter-generation-y-ex-daimler-chefkritik> (consultada el 28 de diciembre de 2016).

Constanza.[24] Al estudiar con cierto detenimiento esta clase de sondeos salta a la vista que la apatía y pasividad política de la juventud es mucho más que una moda pasajera. A la mayoría de los encuestados les preocupa su propio futuro y su carrera profesional más que cualquier otra cosa. De los estudios que cursan no solo esperan obtener una buena formación profesional, sino también un puesto de trabajo seguro e interesante y un salario que vaya a la par. Los resultados coinciden con los de la 17.ª edición del estudio sobre la juventud de Shell,[25] que indican que la mayoría de los estudiantes se preocupan principalmente por su futuro y bienestar material y apenas prestan atención a la política o el bien común.

En Estados Unidos las encuestan arrojan cifras que no distan mucho de las obtenidas en Alemania. En septiembre de 2008 el 65 por ciento de los jóvenes de entre dieciocho y veintinueve años aseguraban estar pendientes del resultado de las elecciones. En 2012 ese porcentaje descendía hasta el 48 por ciento. Y si en 2008 eran el 72 por ciento los que pensaban votar, en 2012 ese porcentaje se situaba en un 63 por ciento.[26]

24. Universidad de Constanza, «Entwicklung des politischen Habitus der Studierenden» [Evolución de la actitud política de los estudiantes], *Studierendensurvey*, junio de 2012, <https://cms.uni-konstanz.de/aghochschulforschung/news/ausgabe-36-41-2011-2012/> (consultada el 28 de diciembre de 2016).

25. K. Hurrelmann, *et. al.*, «Jugend 2015» [Juventud del 2015], Shell Deutschland Holding, Fráncfort, 2015.

26. «Youth Engagement Falls: Registration Also Declines», *Pew Research Center*, 28 de septiembre de 2012, <http://www.people-press.org/2012/09/28/youth-engagement-falls-registration-also-declines/> (consultada el 28 de diciembre de 2016).

El referéndum británico que se saldó con la salida de la Unión Europea da fe del funesto potencial de esa desidia política que aqueja a las jóvenes generaciones. Los jóvenes británicos en edad de votar que el 23 de junio de 2016 no acudieron a las urnas reconocían horrorizados, al cierre de los colegios electorales, que no se esperaban en absoluto aquel resultado. Daban por sentado que los defensores de la permanencia del Reino Unido ganarían sin su ayuda. Que fueran precisamente los jóvenes que no habían votado los que al día siguiente se quejaran de haber perdido el privilegio de pertenecer a la Unión Europea da una idea cabal de las consecuencias de este desinterés político, pues podrían haber cambiado el resultado si se hubieran dignado ejercer su derecho a voto.

En la misma generación también los hay que se interesan exclusivamente por su propia existencia. Las mismas redes sociales que ahora ayudan a propagar el odio y las mentiras han dado cabida a otro fenómeno, una nueva forma de ignorancia y desinterés hacia los hechos que hoy transforman la sociedad. Para una parte considerable de la juventud, la expresión personal compulsiva constituye el fundamento de su actividad cotidiana. A esos jóvenes la Red les brinda un escenario ideal, con plataformas como Facebook, Instagram, Twitter y otros abrevaderos en los que saciar su sed de nuevas sensaciones y narcisista escenificación. Millones de jóvenes acceden así, gracias a la Red, a una notoriedad que en otro tiempo solo estaba al alcance de las estrellas y los famosos que desfilaban por las páginas de la prensa sensacionalista.

Quienes han criticado tan duramente a la juventud no deberían olvidar que se trata de una generación que arrastra un sinfín de inseguridades. Los jóvenes de nuestros días deben enfrentarse a una situación laboral cada vez más precaria y muchos de ellos se ven obligados a hacer trabajos extra para complementar sus miserables salarios. Para colmo, desde el 11 de septiembre se han visto obligados a convivir con la amenaza omnipresente del terrorismo y la violencia como ninguna otra generación desde el fin de la Segunda Guerra Mundial. Con todo, hay dos facetas en las que la juventud actual supera con creces a la de los años treinta: cuenta con una formación incomparablemente mejor y ha crecido con una noción históricamente madura de los derechos universales e inalienables del hombre.[27]

También es cierto que, pese a su excelente formación, muchos de los representantes de estas nuevas generaciones tienen muy pocas posibilidades de conseguir una participación real en la economía nacional. El problema es especialmente grave en países europeos como Grecia, España o Portugal, donde el paro juvenil ha alcanzado cifras récord desde la crisis de 2008, pero aqueja también a algunas regiones en el este de Alemania. Es indudable que el futuro no se presenta demasiado halagüeño para muchos jóvenes europeos. Y los jóvenes estadounidenses no han salido mejor parados. «Son la primera generación desde que acabó la Segunda Guerra Mundial que temen no alcanzar o mantener el nivel y la calidad de vida de sus padres»,[28] como observaba hace poco el sociólogo Zyg-

27. Paul Mason, «Die Wiederkehr der Dreißiger Jahre?» [¿Vuelven los años treinta?], *Blätter für deutsche und internationale Politik*, noviembre de 2016, pp. 31-32.
28. Roman Leick, «Eine tief greifende Angst, dass das Überleben der Gesellschaft bedroht ist» [El miedo que nos atenaza ante las ame-

munt Bauman. De ahí la rabia y el odio. Y de ahí también la desidia política y la resignación: no creen que el compromiso político vaya a mejorar su situación en absoluto. Aunque parezca que tantas cosas han cambiado en la sociedad moderna, conectada y preparada académicamente en que vivimos, buena parte de la juventud se muestra igual de apolítica, resignada y desinteresada que Brunhilde Pomsel y tan centrada en su propio bienestar como la pandilla que esta tenía en Südende.

La generación más joven de las democracias occidentales se ha criado tras el 11 de septiembre, en un mundo que acaso no sea tan autoritario como el de antaño pero que es inseguro e inestable a más no poder. Habida cuenta de la historia del siglo xx, el principal interés de cualquier joven debería ser salvaguardar la democracia, aunque para eso no le bastará con expresar sus intereses políticos —suponiendo que tenga alguno— mediante una petición en línea. De cara a la sociedad real, los maremotos de indignación que se propagan por la Red tienen un efecto mínimo, pues son protestas sin consecuencias políticas o sociales. Pero no se puede decir lo mismo en el caso de la agitación demagógica. Una declaración a favor de un proyecto de protección medioambiental o en contra de la cría industrial de animales puede suscribirla cualquiera y no compromete en lo más mínimo. Las peticiones en línea y otras iniciativas similares cuadran a la perfección con la imagen de una generación caracterizada por el breve y efí-

___

nazas para la supervivencia de la sociedad], *Spiegel Online*, 7 de septiembre de 2016, <http://www.spiegel.de/spiegel/zygmunt-bauman-spiegel-gespraech-zu-fluechtlingen-globalisierung-terror-a-1111032.html> (consultada el 28 de diciembre de 2016).

mero interés que manifiesta por cualquier cosa, y no son muy distintas en su naturaleza de un simple acto de consumo hedonista. «A veces da la impresión de que la actividad política no es más que una forma refinada de consumismo, muy en boga entre los más acomodados, que lo tienen relativamente fácil para presentar sus credenciales y mostrar las nobles causas que apoyan»,[29] como señalaba el politólogo inglés Gerry Stoker en su libro *Why Politics Matters*.

Convendría recibir con cierto escepticismo el juicio que resuena en tal afirmación, pero es muy relevante en lo que concierne a sus efectos negativos para la preservación del orden democrático.

El problema de cada análisis generacional es que se realiza siempre a partir de los valores y exigencias de una generación anterior. Eso es precisamente lo que le sucede a Brunhilde Pomsel cuando reflexiona sobre la juventud actual desde su perspectiva y la compara con la de sus tiempos, confundiendo los avances tecnológicos y la base de conocimiento a la que tienen acceso los jóvenes de hoy en día con un mayor interés o una mayor actividad política.

En mi juventud éramos más ilusos. La reflexión no era nuestro fuerte, ya fuera por falta de tiempo, como en el caso de la gente sencilla y trabajadora, ya fuera por puro desinterés, como en el caso de mi círculo de amigos. La política nos traía sin cuidado. Ahora que mi vida toca a su fin, todo me interesa más. Lo que quiero decir es que los jóvenes que se enfrentan a la vida por primera vez necesitan algún tipo de

29. Gerry Stoker, *Why Politics Matters: Making Democracy Work*, Palgrave Macmillan, Basingstoke, 2006, p. 88.

orientación. Y hablo de orientación, no de influencia. Eso la gente lo tiene hoy mucho más claro.

La juventud de Europa está aún muy lejos de impulsar un movimiento pacifista activo como el que surgió en tiempos de la Guerra Fría y la amenaza atómica. Pese a la precariedad del mercado laboral; pese al auge del ultraderechismo radical en la calle y las múltiples agresiones a los refugiados; pese a encontrarnos ante una de las peores guerras civiles de la historia, como es la de Siria, se diría que gran parte de la juventud está paralizada o resignada, o que sencillamente ha perdido todo interés por la política. Su actitud no es en absoluto un fenómeno inédito: también Brunhilde Pomsel se refugió en su esfera privada, sin prestar la menor atención al entorno político en el que estaba inmersa. Hoy sigue sin dar mucho crédito a los discursos políticos.

De haberlo sabido o sospechado antes, seguramente no me habría incorporado a la radio ni al Ministerio de Propaganda. Para mí, Goebbels solo era un político que levantaba la voz de vez en cuando; no me paré a pensar en el contenido de sus discursos. Las simplezas que soltaba en el estrado me resbalaban. Si es que todos los políticos dicen lo mismo. Tampoco hoy escucho los discursos del Bundestag: pura cháchara sin sustancia.

Uno tiende a encuadrar la opinión de Pomsel sobre los discursos del Bundestag en el trasfondo de su experiencia laboral, pero lo cierto es que está expresando una opinión que era mayoritaria. De cara al presente, sus comentarios ponen de manifiesto otra clase de resignación, similar a la de las viejas generaciones: una especie de ensimismamiento que desde los años ochenta viene describiéndose con la manoseada expresión de «desencanto político». *Politikverdrossenheit* (desencanto político) fue la palabra del año de la República Federal Alemana en 1992. Caracterizaba de hecho una nueva forma de ignorancia y desinterés: el de la propia clase política. Porque el evidente desencanto político de los votantes no ha provocado ningún cambio esencial en el discurso de sus representantes. Durante casi tres décadas, las élites de la democracia occidental han hecho caso omiso de un incendio que hoy en día amenaza con quemarlo todo: una mezcla muy particular de extremismo, ignorancia y desinterés político. Las ideas ultraderechistas no han arraigado en nuestra sociedad de la noche a la mañana; llevan allí fondeadas y latentes mucho tiempo. La cuestión está en saber hasta qué punto se han extendido las opiniones de la extrema derecha. En parte, la derecha actual debe su éxito a la tibieza de la oposición que se opone a ella y a los crecientes desvaríos políticos de una ciudadanía insatisfecha y acobardada. Al ciudadano le interesa, en primer lugar, lanzar una advertencia a las élites políticas, lo cual no implica por fuerza que abrace el conjunto de propuestas radicales del populismo. El verdadero peligro reside en el hecho de que a esas propuestas no se las someta a un verdadero escrutinio. La rabia y la humillación han alcanzado tal intensidad que los hechos ya no cuentan para nada.[30]

30. Ralf Melzer, «Wie Rechtspopulismus funktioniert» [Cómo funciona el populismo de derechas], *Spiegel Online*, 2 de octubre de 2016, <http://www.spiegel.de/politik/deutschland/rechtspopulismus-die-kraft-des-einfachen-gastbeitragralf-melzer-a-1114191.html> (consultada el 28 de diciembre de 2016).

Antes de esclarecer si las élites de la democracia han fracasado por pura ignorancia y desconsideración hacia sus votantes, convendría trazar someramente los paralelismos socioeconómicos entre nuestra época y los años treinta. En lo que respecta al abastecimiento material y a la tasa de desempleo, tras el crac de la bolsa de 1929, la situación era mucho más dramática que hoy. El crac de 2008 no tuvo un impacto tan devastador como el del pasado siglo, aunque desató la peor recesión registrada desde los años treinta. Además, el temor generalizado de que el paro, la recesión y otros efectos perniciosos de la crisis no hayan alcanzado su verdadera magnitud es nefasto para la cohesión social. Hasta ahora se ha logrado evitar que la crisis financiera y la del euro lleguen a destruir del todo la economía real, pero la gente sospecha que es algo que podría suceder en cualquier momento. El miedo de gran parte de la ciudadanía a una debacle social como la de los años treinta ha adquirido tal intensidad que se ha aguzado su instinto de supervivencia a costa de las minorías. El fenómeno, un reflejo más del desgarro que escinde nuestra sociedad, guarda un vínculo muy estrecho con el proceso de la globalización y los sistemas económicos sobre los que se cimenta.

Detrás de los votos que van encumbrando a los nuevos populismos reaccionarios hay personas. Personas que se sienten incapaces de enfrentarse a un mundo globalizado, aunque hasta ahora no hayan sufrido perjuicio material alguno por su causa. Personas que se oponen a la apertura de las fronteras y que desprecian a las viejas castas que no se ocupan de defender sus intereses. Personas que se sienten impotentes, a merced de unas fuerzas sobre las que no tienen el menor control. Eso es, en cualquier caso, lo que indican muchos estudios realizados por medios occidentales. El superávit de información digital que ha sido puesto a nuestra disposición agudiza los problemas de percepción de un mundo demasiado complejo, así que mucha gente tiende a inclinarse instintivamente por las respuestas más sencillas. Hoy el ogro de turno es la inmigración. Los inmigrantes llegan necesitados de sustento y seguridad, pero quienes protestan contra su acogida tienen miedo de no llegar a fin de mes.

Para explicar esta clase de miedos y estados afectivos que suelen pasarse por alto, se podrían aducir varios ejemplos. Cuando una madre alemana de tres hijos que lleva toda la vida trabajando ve que no va a poder aguantar sin contar con las prestaciones sociales del Estado, ya tenemos servido uno de los problemas fundamentales: el sentimiento de humillación. Cuando un trabajador, tras un año de desempleo, ve que su nivel adquisitivo se reduce al mismo de un refugiado, pese a haber cotizado veinte o treinta años, estamos ante un caso que para muchos es una injusticia inadmisible. En efecto, la existencia de razones de peso para prestar auxilio a los refugiados es lo de menos cuando uno teme por su bienestar, cuando uno se siente desamparado, estafado, abandonado a su suerte por el Estado y ve que su propia subsistencia pende de un hilo.

Las causas de este desprecio a los hechos, reemplazados por una verdad emocional conforme al mecanismo político-social que en 2016 recibió el nombre de «posverdad», hay que buscarlas en el amor propio herido, en las expectativas fallidas y en la imposibilidad de comprender un mundo que se percibe injusto. Al final no hace falta apelar a la pobreza real, sino a lo que cada individuo entiende por pobreza, un fenómeno sociológico complejo y multidimensional que no solo depende de factores socioeconómicos mensurables, sino también del entorno particular de cada cual, de su acervo de experiencias, de su posición social y, por último, de su ideología.

Este sentimiento de injusticia parece desencadenar de forma refleja la búsqueda de un chivo expiatorio con el que darle una respuesta sencilla y expeditiva al problema; se diría que es una especie de instinto de supervivencia incontrolable, un automatismo que no entiende de culturas y seguramente se da con intensidad similar en Estados Unidos, Europa y cualquier otro rincón del mundo. Brunhilde Pomsel también apela en sus recuerdos a la humillación de Alemania tras la derrota en la Primera Guerra Mundial, que, según ella, solo Hitler consiguió aliviar.

¿Seguimos pensando que nuestro presente no es comparable a los años treinta? La transformación política de aquella década, como la actual, no se produjo de la noche a la mañana. La miseria y la ira crecieron de forma paulatina. A pesar de la feroz crisis económica, ciertos estamentos de la sociedad alemana podían vivir sin muchas preocupaciones. Eso es, en todo caso, lo que se desprende de las descripciones que Brunhilde Pomsel nos brinda del Berlín de su juventud y que tal vez cabría transplantar hoy a la ciudad de Detroit, desmantelada por la crisis; a la nueva Atenas, desmoralizada por las medidas de austeridad europeas; o a ciertas regiones de Alemania, lastradas por la recesión.

Pero por muchos elogios que mereciera, Berlín también tenía su cara oscura. Y muy especialmente entonces, después

198

de perder la Primera Guerra Mundial, cuando las calles rebosaban de parados y mendigos. Los que vivíamos en un buen barrio no los veíamos, pero había zonas enteras sumidas en la miseria, y eso nadie lo veía ni lo quería ver. Mirábamos todos hacia otro lado.

Ese «mirar hacia otro lado» recorre la biografía de Brunhilde Pomsel como un verdadero *leitmotiv*, aunque en ese aspecto ella no fuera ninguna excepción. Es frecuente culpar de la debacle política alemana de los años treinta a los partidos democráticos de la antigua República de Weimar, a los que les faltó valor para asumir su responsabilidad o voluntad de aparcar las diferencias y cooperar contra un mal mayor. Enzarzados en sus disputas partidistas, no hicieron mucho por impedir que se produjera una de las más negras encrucijadas políticas de todos los tiempos. Al principio no prestaron atención a lo que se estaba fraguando de fronteras adentro, lo que equivalía a negar la miseria real o subjetiva en la que vivía la mayor parte del país; más adelante, miraron hacia otro lado mientras sus vecinos nazis difamaban, perseguían, expulsaban y asesinaban al presunto enemigo del pueblo.

Al igual que hoy, al vuelco político y a la radicalización los precedieron unos años de globalización desenfrenada. Los años veinte estuvieron marcados por la apertura comercial. En muchos países de Occidente ni siquiera había restricciones de entrada o visado obligatorio. Pero en 1929, como en 2008, la especulación bursátil sin freno tuvo consecuencias funestas. En ambos casos hubo muy pocos ganadores y una cantidad ingente de damnificados. Es posible que tras la crisis de 2008 la miseria fuera más subjetiva, que no fuera tan real y evidente como en 1930, pero en las dos épocas hubo muchísimos europeos y estadounidenses que perdieron su trabajo o dejaron de tener ingresos y hubieron de pasar por tremendos aprietos económicos. Como hoy, en los años treinta las fuerzas desatadas de la globalización escapaban del control estatal. Las instituciones políticas habían perdido su capacidad de reacción y crearon un nefasto vacío de poder, en el que el Estado se veía incapaz de ejercer su función y proteger al pueblo. A partir de entonces, como relata Brunhilde Pomsel, todo fue un juego de niños para Hitler y sus secuaces.

En 2008, los daños ocasionados por la falta de regulación de los mercados financieros pudieron contenerse con la adopción de severas medidas económicas y una cooperación interestatal sin precedentes, pero las remuneraciones de los banqueros no dejaron de subir, pese a la crisis, mientras que la política monetaria y los tipos de interés de los bancos centrales europeos y estadounidenses iban devaluando los seguros de vida, el poder adquisitivo de los pensionistas y otros servicios de interés general. Los gobiernos europeos efectuaron además recortes considerables en sus políticas sociales, mientras que las reformas del mercado laboral se saldaron con un horizonte de empleo cada vez más precario.

Es probable que en los años treinta nadie comprendiera cabalmente el complejísimo contexto de la especulación y la crisis económica. Hoy, en cambio, casi todo el mundo recibe a diario nueva información sobre la desigualdad social y la pasividad de las élites gubernamentales.

También hoy la política parece ir a remolque de la crisis, en lugar de contribuir a paliarla. Y así se ha ido creando un vacío de responsabilidad sumamente peligroso,

muy parecido al que describe Brunhilde Pomsel al reme-
morar los tiempos de Hitler:

> Tras la Primera Guerra Mundial hubo un vacío de liderazgo
> en Alemania. No había políticos carismáticos que pudieran
> tirar del carro. Por eso Hitler lo tuvo tan fácil: las multitu-
> des de parados le dieron alas.

Los populistas de la derecha apelan hoy a la misma ausencia de liderazgo que la ciudadanía alemana percibía en los
años treinta. Aun así, sería una falta de respeto comparar
en pie de igualdad las estrecheces sociales derivadas del
empobrecimiento actual que sufre el grueso de la población y la incapacidad de sus responsables políticos con los
de las víctimas de la Segunda Guerra Mundial. Por el momento no es comparable en ningún caso.

El camino hacia este nuevo cataclismo de la democracia liberal, consecuencia última de la falta de regulariza-
ción del sector financiero, comenzó a empedrarse en Estados Unidos a finales de los años noventa. Durante las
legislaturas de Bill Clinton, entre 1993 y 2001, los demócratas, las fuerzas progresistas de Estados Unidos, el nuevo
laborismo del Reino Unido y la socialdemocracia europea
se rindieron a los dictados de una globalización neoliberal
que, pese a las insistentes advertencias de tantos y tan re-
nombrados economistas, condujo a la desregulación del
mercado financiero. En Reino Unido se tradujo en la con-
gelación del gasto social bajo el gobierno de Tony Blair, y
en Alemania, durante el mandato de Gerhard Schröder, en
los masivos recortes sociales de 2010, la relajación de las
leyes laborales que tanto había costado promulgar y la
progresiva debilitación de los sindicatos. Este encogimien-

to del Estado social coincidió con una enorme expansión del sector financiero y un aumento del empleo precario.

Poco a poco, la izquierda fue traicionando a una parte cada vez mayor de su base electoral y dio la espalda a esa misma clase media y trabajadora que hoy nutre los grandes focos de radicalización. Si hay una tendencia que cada vez parece más clara es la de la ignorancia y pasividad de las élites de los partidos democráticos. Sobre ellas pesa la responsabilidad de la escisión social de Occidente que ha abierto las puertas de par en par al populismo reaccionario.

«Las sociedades se han escindido en una élite metropolitana, liberal y abierta, y una creciente subclase venida a menos, cuyo temor a la exclusión resuena cada vez más alto»,[31] escribe Albrecht von Lucke. De ahí la alarma social que cunde hoy entre la clase media, que acepta progresivamente actitudes racistas antaño inaceptables.

La radicalización masiva a la que estamos asistiendo no es, a fin de cuentas, sino el resultado de la ignorancia y el desinterés de una sociedad que renunció a solidarizarse con los desposeídos mucho antes de que comenzara la actual crisis de refugiados. Un razonamiento muy similar al de Brunhilde Pomsel cuando afirma que en sus tiempos cada cual velaba por sus propios intereses y en los años de penuria que precedieron a la llegada de Hitler nadie quiso reconocer lo que eso podía acarrear.

En vista del declive económico actual y del que se nos avecina, hace ya tiempo que muchos ciudadanos europeos

---

31. Albrecht Von Lucke, «Trump und die Folgen: Demokratie am Scheideweg» [Trump y sus secuelas: la democracia en la encrucijada], *Blätter für deutsche und internationale Politik*, diciembre de 2016, pp. 5-9.

y estadounidenses han renunciado a la fe que tenían en la capacidad de la democracia para ejercer de entidad reguladora y frenar esa decadencia. Y lo que es peor: eso ha dado alas a las fuerzas de la derecha, que se nutren, mediante la difusión de teorías conspirativas, de la sospecha de que a los de arriba no les interesa detener el empobrecimiento de la población mientras las élites no se vean perjudicadas.

A medida que las pérdidas se socializan mediante la expropiación solapada que supone la reducción de los tipos de interés y el uso de fondos públicos para rescates bancarios, van sacrificándose en el altar de la ideología económica neoliberal todos los avances realizados hasta ahora por la democracia y la economía de mercado mixta, basada en la compensación y la paz social. Tampoco el neoliberalismo contemporáneo ha surgido de la noche a la mañana. Durante mucho tiempo ha abusado de la idea que tenía la gente de que la globalización sería una simple expansión de la economía de mercado mixta. Pero estaban muy errados: la globalización acabaría revelándose como un plan de las élites y las grandes fortunas.

En los años treinta, cuando Brunhilde Pomsel comenzaba su vida laboral, el mundo entero había caído en una espiral de proteccionismo como el que prometió Donald Trump durante su campaña electoral. También entonces se restringió la entrada al país a cierta clase de inmigrantes, por temor a un aluvión de refugiados económicos procedentes de Europa. Con similar premura se cierran hoy las fronteras de Europa, se restringen las leyes de asilo político en muchos países y los ingleses deciden apearse de la Unión Europea. En el día a día, tanto el Estado como la burguesía más acomodada se desentienden de las acuciantes necesidades de gran parte de sus conciudadanos, de forma parecida a lo que sucedía en Alemania en los años treinta, según se desprende del relato de Brunhilde Pomsel. Y si el crac de 1929 se tradujo en casi toda Europa en un giro a la extrema derecha, el estallido de la crisis financiera de 2008 ha incrementado, de año en año, el apoyo popular a nacionalismos de toda laya. No es de extrañar, cuando los gobiernos de la democracia contribuyen a diario a minar su propia credibilidad.

Entretanto, los medios no dejan de destapar la existencia de cientos de empresas secretas *off-shore*, propiedad de políticos, jefes de Estado y deportistas de élite. A medida que las grandes fortunas y sus inmensos consorcios ponen su dinero a buen recaudo en paraísos fiscales, y dejan así de pagar impuestos como los demás mortales, va calando irremisiblemente en la sociedad la certidumbre de que la globalización no redundará en beneficio de la comunidad, sino todo lo contrario. Esas fortunas ocultas de miles de millones otorgan a una pequeña élite de superricos un poder casi inimaginable, que no hace sino subrayar la impotencia de cualquier gobierno, como constataba hace poco el periodista Harald Schumann: «En el fondo, es la clase política al completo la que ha capitulado en Europa, incluidos los ecologistas y buena parte de la izquierda. Pues saben que a fin de cuentas serán las grandes empresas, los bancos y los superricos los que decidirán, con sus planes de inversión, la suerte o la desgracia de sus Estados, regiones y comunidades».[32] Una convicción muy

32. Harald Schumann, «Die Herrschaft der Superreichen» [El imperio de los superricos], *Blätter für deutsche und internationale Politik*, diciembre de 2016, pp. 67-78.

similar a la que tenían los partidos políticos durante la República de Weimar.

Los apuros que atraviesa hoy la democracia son el resultado de muchos años de gobiernos ineficaces e ignorantes, gobiernos que describían el rescate de los bancos durante la crisis como la única alternativa, cuando era algo que tanto desde la extrema derecha como la extrema izquierda se percibía como una capitulación. Porque si algo tienen en común ambos polos de la escena política es su rechazo a la globalización. En primer término, tenemos pues la capitulación de la élite política ante la codicia del sector financiero. Y luego vienen la rabia y la desesperación lógicas del pueblo llano, que el populismo de derechas explota sin ningún reparo para lograr sus objetivos.

Una sociedad occidental completamente fragmentada no será capaz de mantener las bases de la solidaridad. Al igual que en los años treinta, mengua hoy día a día la legitimidad de las élites y partidos democráticos europeos, que se muestran incapaces de arreglar nada y ni siquiera parecen trabajar al servicio del bien común.

Se diría que es justamente ese rechazo instintivo a la acogida de refugiados lo que vuelve a unir a esta Europa de la crisis en torno a una identidad común y una misma idea de la solidaridad o de la falta de ella, es decir, alrededor del aislamiento, la mezquindad y un renacido egoísmo nacional.

Del mismo modo que en los años treinta, la cohesión de la sociedad occidental se está viniendo abajo a causa de la crisis económica. Y, como entonces, el atractivo esencial del populismo reside en su capacidad para proponer soluciones de ilusoria sencillez ante los problemas de una situación mundial que no presagia nada bueno. Sus simplistas dicotomías de amigo-enemigo y sus respuestas fáciles son muy dañinas porque es mucho más difícil refutarlas que sacárselas de la manga. El terrorismo, la crisis del endeudamiento, el cambio climático, la ola de refugiados... son problemas que no admiten una solución a escala meramente nacional. Aun así, son cada vez más las personas que responden de manera positiva al acto reflejo de la simplificación y el radicalismo. Y a todo esto, la clase media y la burguesía moderada siguen mirándose el ombligo, como lo hacían en los tiempos de Brunhilde Pomsel.

Hoy en día, las obligaciones del individuo se reducen a compaginar la vida en familia y la carrera profesional con un mercado laboral sumamente volátil. La generación del autoajuste vive de un modo bastante acorde a la imagen de ese sueño americano que, tras el estallido de la crisis, se ha convertido en una pesadilla. El individuo responde solo por lo que le toca y el tejido social es cada vez más quebradizo. El espíritu de nuestra época no se define tanto por la libertad como por la inseguridad. Las relativas garantías con las que aún podía contar la generación del *baby boom* —la posibilidad de vivir por sus propios medios y labrarse una carrera a fuerza de trabajo— se han evaporado tanto en Estados Unidos como en la mayoría de los países europeos. El capitalismo occidental, pese a sus ventajas, ha pasado a percibirse como un sistema frágil e inseguro, y muchos se preguntan qué sentido tiene la democracia cuando las grandes corporaciones y los superricos reciben semejante trato de favor. Es ahí donde el populismo, de derechas o de izquierdas, encuentra sus mejores argumentos para seguir socavando la actual cohesión social. Eso que llevaba tanto tiempo anunciándose en Estados Unidos y en Europa es hoy una realidad: los

predicadores de la salvación han vuelto al poder. Brunhilde Pomsel aún recuerda la época que siguió a la toma de
poder de Hitler:

> Pero cuando Hitler llegó al poder se respiraba un ambiente
> de esperanza renovada. Lo cierto es que fue una sorpresa
> mayúscula que Hitler ganara las elecciones. Creo que ni los
> propios nazis se lo esperaban.

Habría que preguntarse si el futuro le estará reservando
una sorpresa similar a nuestra sociedad occidental, sumi-
da como está en el egoísmo, la ignorancia y el desinterés,
completamente ajena a la amenaza del populismo.

Pero la ignorancia y el desinterés de los ciudadanos que
solo se preocupan por su propio bienestar no son las únicas bazas del populismo. Otro factor de movilización radical es la arrogancia de las élites y su indiferencia hacia las
condiciones de vida de sus conciudadanos más desampara-
dos y carentes de formación. Además, el patrón de estí-
mulo y respuesta habitual de la democracia liberal —til-
dar a los votantes de la derecha de estúpidos e incultos— no
contribuye precisamente a solventar el problema. Con su
presunción, las élites liberales han contribuido en gran
medida a agudizar la crisis del sistema y se han ganado la
inquina de esa base electoral relegada, que protesta contra
la indiferencia de los de arriba, como comenta Elisabeth
Raether en un notable ensayo de *Zeit*.[33] Las capas de la

---

33. Elisabeth Raether, «Was macht die Autoritären so stark? Un-
sere Arroganz» [¿De dónde nace la fuerza del autoritarismo? De nuestra arrogancia], *Zeit Online*, 18 de agosto de 2016, <http:// www.zeit.
de/2016/33/demokratie-klassenduenkel-rassismus-populismus> (consultada el 28 de diciembre de 2016).

población que disponen de una educación superior y un trabajo más o menos estable menosprecian a las capas inferiores por su intolerancia hacia los inmigrantes y otros grupos minoritarios. Pero no son los puestos de trabajo de ese sector privilegiado los que se ven amenazados por la inmigración, y es lógico que no tengan ningún miedo a la pugna por unas prestaciones sociales limitadas. Los perdedores potenciales de la globalización hacen cola ante las oficinas de empleo, como los refugiados en nuestras fronteras. La ola de refugiados y el populismo de derechas deberían sacudirnos la modorra y hacernos ver que nuestro esfuerzo por lograr un mundo mejor está naufragando delante de nuestras narices. Uno de los deberes inaplazables de las fuerzas democráticas es el de tomarse en serio la rabia del electorado y enfrentarse a unas cuantas verdades incómodas (mediante sondeos que reflejen el sentir del pueblo, por ejemplo). Una encuesta realizada en 2016 por un equipo de investigadores de la Universidad de Leipzig estableció que la mitad de los alemanes se sienten a veces como extranjeros en su propio país a causa del gran número de musulmanes que conviven con ellos, y que el 41 por ciento opina que habría que vetar la entrada al país de inmigrantes de esta religión. Todo indica, pues, que el porcentaje de la ciudadanía alemana vulnerable a las promesas del populismo es mucho mayor que el que ha votado hasta ahora al partido ultraderechista AfD. Negar o reprimir el desconcierto y la insatisfacción que se han adueñado de nuestra sociedad es mucho más peligroso que entablar un debate abierto para establecer restricciones a la inmigración. Si el descontento se consolida y la oposición a la acogida de nuevos inmigrantes llega a ser mayoritaria, los gobernantes no podrán seguir esquivando la cuestión.

A menos que las fuerzas democráticas y la clase media tomen cartas en el asunto y se enfrenten al miedo y la radicalización de buena parte de sus conciudadanos, y los gobiernos se comprometan a combatir las causas que subyacen a la afluencia masiva de refugiados, tarde o temprano nos tocará sincerarnos con nosotros mismos y asumir el precio que estaremos pagando por nuestro aislamiento nacional: la violación de los derechos humanos y del derecho de gentes y el despliegue de dispositivos militares de protección fronteriza.

Pero los alemanes, como los demás ciudadanos europeos y estadounidenses, yerran en su evaluación de la supuesta marea migratoria musulmana. Eso es, en todo caso, lo que indica un estudio del instituto demoscópico británico Ipsos Mori. Los encuestados en el sondeo de Ipsos Mori aventuraban que uno de cada cinco residentes en Alemania —el 21 por ciento de la población, para ser exactos— eran musulmanes. La realidad es que hay un solo musulmán por cada veinte residentes y que, contando la gran ola de refugiados de 2015, la comunidad musulmana apenas representa el 5 por ciento de la población. Y eso sin contar con todos los sirios que volverán a su país cuando termine la guerra civil y que reducirán aún más ese magro porcentaje.

Aún más flagrante es el error de cálculo en Estados Unidos, donde la población musulmana asciende a un 1 por ciento pero se percibe como un 17 por ciento por los participantes en la encuesta.[34] Son cifras que se exageran sin

---

34. «Research Highlights», *Ipsos Mori*, diciembre de 2016, <https://www.ipsos-mori.com/researchpublications/publications/1900/Ipsos-MORI-Research-Highlights-December-2016.aspx.> (consultada el 28 de diciembre de 2016).

ningún reparo en los medios propagandísticos del populismo de derechas para seguir nutriendo el miedo y el odio de su base electoral.

Solo una sociedad madura, dispuesta a desarrollar un marco legislativo fiable más allá del mero proteccionismo nacional y pronta a desenmascarar las mentiras y las promesas inverosímiles del populismo, podrá acabar con el embrutecimiento político imperante. Porque no basta con seguir la corriente a los populistas; para detener su ascenso es indispensable que las fuerzas democráticas se apresten a desmentir sus afirmaciones con hechos, sin atender a las emociones. Para ello, además, habrá que asumir y tomar muy en serio las injusticias derivadas del capitalismo neoliberal y la crisis económica, cuyo paralelismo con los años treinta acabamos de trazar.

Y es que la irrupción del populismo de derechas podría tener su lado positivo. Entre otras cosas podría servir para plantear ciertas cuestiones sociopolíticas que hasta ahora no entraban en la agenda de las élites. En la cumbre del G-20 celebrada en septiembre de 2016, los dirigentes de los países ricos y emergentes aseguraron que había que ampliar y compartir los beneficios de la globalización de forma más equitativa. Y es posible que esta vez las palabras se traduzcan en hechos, puesto que esas élites también tendrían mucho que perder si el mundo retrocede a la coyuntura política de los años treinta. Tal vez sea esta, pues, la ocasión de realizar una buena reforma de la globalización.

Por lo demás, tampoco hay que descartar que la burguesía moderada abandone su pasividad ante al auge del populismo y se produzca una politización masiva e intergeneracional de la sociedad. Existe la posibilidad de que la victoria de Trump, el ajustado desenlace electoral de

Austria, el desmantelamiento de la democracia en Polonia y Hungría, el Brexit y la situación en Turquía y en Siria, así como el embrutecimiento general de la democracia, funcionen como una salva de advertencia para despertar al electorado en las próximas elecciones francesas, holandesas y alemanas. Y puede que así se consiga movilizar a una masa crítica de ciudadanos para enterrar el espectro de un retroceso a los años más oscuros del siglo pasado. Y el acento hay que ponerlo en la posibilidad, porque los enemigos de la democracia no dejan de ganar terreno en nuestros parlamentos.

Sea por miedo o por ignorancia, seguimos viviendo bajo esa campana de la que nos habla Brunhilde Pomsel, en la que la búsqueda del provecho personal, de la mano del oportunismo y el desdén por la precariedad en la que vive buena parte de la población, siguen allanándoles el camino a los radicales. ¿Habremos de colegir que no hay vuelta atrás, como contaba Brunhilde Pomsel? Conociendo como conocemos el potencial dañino de la ignorancia y el desinterés, cargamos hoy con una enorme responsabilidad. Acaso los simpatizantes del régimen nazi puedan escudarse aún en su ignorancia, pero nosotros deberíamos haber aprendido la lección.

Será larga y ardua la lucha que habremos de librar para derrotar al populismo de derechas y devolver a la ciudadanía la confianza en la democracia, el Estado de Derecho y la integración europea. Para ello tendremos que dejar de avanzar a remolque de nuestros miedos y poner sobre la mesa las reivindicaciones de aquellos sectores del electorado que han vuelto la espalda a la democracia.

Para regenerar la confianza del ciudadano no basta con reivindicar la tolerancia y la protección de las minorías: hacen falta medidas que proporcionen cierta sensación de seguridad tras el terror que han causado en Europa los atentados de 2015 y 2016. La inscripción reglamentaria de los refugiados y la criba de personas de riesgo y delincuentes varios entre los recién llegados es un innegable derecho del Estado. Pero debería llevarse a cabo sin la histeria cotidiana y las llamadas intemperantes a la expulsión colectiva, el aislacionismo y otras propuestas represivas del populismo de derechas. Y sin vulnerar ni poner en tela de juicio los derechos humanos de los refugiados políticos y otros inmigrantes. Son derechos que también debemos defender entre todos, con valentía, día tras día.

El fracaso de las políticas internacionales de asilo político durante los años treinta y cuarenta, marcadas por el rechazo a los refugiados judíos, sobre cuyo destino no hubo manera de alcanzar un acuerdo, es una lección histórica que no podemos olvidar. En 1938, cuando su persecución provocó el éxodo masivo de la comunidad judía en Alemania, apenas había países dispuestos a abrirles sus fronteras sin restricciones. En octubre de 1941, cuando el régimen nacionalsocialista prohibió a los judíos salir del Reich, los que se habían quedado lo tuvieron prácticamente imposible para huir a otro país y escapar de su inminente exterminio. No fue hasta que terminó la Segunda Guerra Mundial cuando se impuso el deber vinculante de dar asilo a los refugiados. Lo estableció un acuerdo que, de hecho, sigue en vigor: el de la Convención de Ginebra de 1951, que prohíbe rechazar la entrada de refugiados que hayan sido víctimas de cualquier clase de persecución en su país.

Es cierto que en nuestro mundo globalizado precisamos de fronteras más seguras y una mayor redistribución social, pero eso no implica dejar nuestro gobierno y nuestras instituciones democráticas en manos de un puñado de populistas reaccionarios dispuestos a cuestionar las bases del derecho internacional y la Convención de Ginebra. Ni aunque haya un grano de verdad en la base de sus argumentos, que por lo general resultan más bien vagos y simplistas. Porque ni los populistas de derechas ni los dictadores de cualquier ideología extremista han demostrado jamás capacidad para solucionar los problemas de forma pacífica, humana y sostenible. Su poder se ejerce indefectiblemente en perjuicio de ciertas minorías y desemboca siempre en el caos, la violencia, la guerra y la opresión.

Los populistas tienden a prometer soluciones desprovistas de todo realismo y, en cuanto llegan al poder o participan en el gobierno, suele quedar patente el abismo que media entre sus pretensiones y la realidad. En nuestra historia reciente hay ejemplos de sobra para tipificar los dos desenlaces posibles de un gobierno ejercido o integrado por populistas de derechas: o logra dar la vuelta por completo a los intereses del electorado o sucumbe a las rencillas intestinas del propio partido.[35]

Brunhilde Pomsel no es la única testigo presencial del fascismo que se pregunta si la humanidad habrá aprendido

35. Frank Decker y Florian Hartlieb, «Das Scheitern der Schill-Partei als regionaler Machtfaktor: Typisch für Rechtspopulismus in Deutschland?» [El fracaso del Partido Schill como factor de poder regional: ¿un caso típico del populismo alemán de derechas?], en Susanne Frölich-Steffen y Lars Rensmann (eds.), *Populisten an der Macht: Populistische Regierungsparteien in West- und Osteuropa*, Viena, 2005, p. 117.

algo de la historia. La doctora Ingeborg Rapoport hubo de sufrir en más de una ocasión la persecución del fascismo y a sus ciento cuatro años,[36] si algo comparte con Brunhilde Pomsel, es el miedo a la convulsión que ha experimentado la política alemana en 2016. Ingeborg Rapoport adquirió cierta notoriedad mediática a los ciento dos años de edad, cuando se convirtió en la persona más vieja en defender su tesis doctoral. Rapoport vino al mundo en 1912 en Camerún, entonces colonia alemana; creció en Hamburgo como judía alemana y en 1938 huyó de los nazis con su madre para instalarse en Estados Unidos. Durante la caza de brujas del senador McCarthy fue denunciada como comunista y tuvo que huir de nuevo a la RDA, desde donde asistió años más tarde a la caída del Muro de Berlín. En una entrevista describía no hace mucho la pose apolítica que adoptó en su juventud, tan similar a la de Brunhilde Pomsel, hasta que se las hubo de ver con el antisemitismo de la Alemania nacionalsocialista.[37] Reinaba entonces, según cuenta, una atmósfera de miedo omnipresente. Más tarde, ya en la RDA, se topó con un antisemitismo más soterrado que no afloró a la superficie hasta la Reunificación. Que sea justamente en el este de Alemania donde brotó el movimiento xenófobo de PEGIDA parece preocupante a esa anciana tan lúcida. Rapoport escucha a diario las noticias, llena de inquietud por lo que está sucediendo en el país.

36. La venerable doctora Rapoport falleció el 23 de marzo de 2017, a los ciento cuatro años de edad. *(N. de los T.)*

37. Heike Vowinkel, «Die Angst am Ende eines Jahrhundertlebens» [El miedo que corona una vida centenaria], *WeltN24*, 4 de octubre de 2016, <http://hd.welt.de/politik-edition/article158494449/Die-Angst-einer-104-Jaehrigen-vor-der-Hetze.html> (consultada el 28 de diciembre de 2016).

Los hogares de acogida en llamas y los manifestantes gritando «Alemania para los alemanes» y contribuyendo a propagar el miedo... son sucesos que le resultan familiares. El miedo, al fin y al cabo, fue también el principal instrumento de los nazis. La mera forma en que se habla hoy de los refugiados le trae malos recuerdos. A su entender, el mayor peligro reside en el extremismo, por un lado, y en el desinterés, por el otro. «Una persona apolítica es mucho más influenciable», asegura.

Y especialmente peligrosas le parecen las personas que buscan respuestas sencillas a cuestiones complejas. Rapoport deposita aún su confianza en la gente solidaria y pacífica, pero desconfía de un sistema tan individualista como el capitalismo. Los argumentos islamófobos y la discusión sobre el velo pueden emplearse con facilidad como artefactos incendiarios de difamación, al igual que sucedió durante el auge del nacionalsocialismo.

Las biografías de Brunhilde Pomsel e Ingeborg Rapoport tienen un denominador común: a su edad, acaso sean la última advertencia viva de una generación que experimentó el fascismo en primera persona y vio las consecuencias que tuvieron la ignorancia, la pasividad, el desinterés y el oportunismo para Alemania y el resto del mundo.

La clase media de los años treinta y cuarenta tenía a Adolf Hitler por un cretino y guardó silencio hasta que fue demasiado tarde para rectificar. Al echar la vista atrás, Brunhilde Pomsel admite que, en su ansia de éxito y bienestar, fue ciega e indiferente a las transformaciones políticas de su tiempo. También nosotros pecamos hoy de indolencia en unos tiempos que exigen enfrentarse a la evidencia y esforzarnos en dar a los perdedores del sistema una mayor participación de sus beneficios. El neoliberalismo, en su forma actual, ha sacrificado la solidaridad social en favor del individualismo y el ensimismamiento narcisista. Cada cual es artífice de su propia suerte: no es casual que este dicho sea el emblema del sueño americano transformado definitivamente en pesadilla desde la crisis financiera de 2008, que se ha saldado con una legión de perdedores y con la llegada de un personaje como Donald Trump a la Casa Blanca. La solidaridad es el aceite que engrasa el motor de una sociedad democrática, libre y humanista. Si seguimos consintiendo la injusticia de un sistema económico que lleva años promoviendo los recortes de la solidaridad social para maximizar el beneficio de las corporaciones multinacionales, estaremos dándole alas al populismo más reaccionario.

A la larga, la falta de solidaridad deriva siempre en una cierta forma de deshumanización. Una sociedad en la que instintos humanos como la compasión y la solidaridad han sido desplazados es una sociedad desfigurada a la que, de hecho, de poco va a servirle la democracia. El egoísmo irreflexivo de la joven Brunhilde Pomsel, centrada en su propio provecho, es el mismo que profesan hoy millones de ciudadanos.

Si la democracia sigue doblegándose ante la economía y los ciudadanos sienten que han perdido su influencia sobre las instituciones que deberían gobernarles pero porfían en traicionar sus intereses, el populismo y el fascismo van a tenerlo muy fácil en los años venideros. En definitiva, hay motivos más que suficientes para comprometerse ya, aquí y ahora, con la protección de la democracia y el Estado de Derecho.

Para eso habrá que empezar por encontrar una solución a la inmigración. A menos, claro está, que estemos dispuestos a permitir que diez mil refugiados más se ahoguen en el Mediterráneo o sean rechazados y abandonados a su suerte, con un despliegue de violencia cada vez mayor, al llegar a alguna de nuestras murallas fronterizas. Tenemos que dar pie a un discurso que contribuya a transformar la globalización para resolver las causas que subyacen a esta nueva ola de refugiados. Es algo que solo podrá abordarse desde una nueva forma de redistribución de la riqueza que mitigue el impacto del cambio climático y ponga fin a la sobreexplotación de los recursos humanos y naturales, así como desde un movimiento pacifista que llame a negociar a las partes en pugna. Y puede que haga falta algo más, algo que hasta la fecha, al menos, solo se ha producido al término de una gran guerra mundial: la redistribución de arriba abajo, una especie de New Deal para la era de la globalización. Ya es hora de que los poderes democráticos comprendan que el aumento de la desigualdad no les beneficiará en absoluto y se apresten a subsanar las inclinaciones perniciosas que ha tenido la economía en los últimos decenios, para cobrar así nuevo impulso mediante la invitación a la población a participar en los procesos de decisión democrática que habrán de poner límite a los excesos de las corporaciones y las grandes fortunas, y la reivindicación una vez más de la vieja máxima que es el emblema de nuestros valores occidentales: la economía debe estar al servicio de la gente y no de cuatro multimillonarios. En 2016, en su gira de despedida por Europa, el presidente Barack Obama apuntaba la necesidad de corregir el rumbo en este sentido si no queremos perpetuar ese profundo sentimiento de injusticia.

También el exsecretario de Estado estadounidense Henry Kissinger tomó posición ante el nuevo derrotero político de su país, comparándolo con la experiencia histórica de Alemania: «En Estados Unidos deberíamos comprender que no se puede insultar los valores sociales de la clase media durante mucho tiempo sin sufrir las consecuencias. Si hay un país en el mundo consciente de ello es Alemania».[38]

No nos queda mucho tiempo para tratar de encauzar nuestra descarrilada globalización por vías más justas y reformarla allí donde nuestra sociedad y nuestro sistema económico más lo necesitan: luchando contra la caída de la renta, la supremacía de los bancos, las evasiones fiscales de las grandes fortunas y corporaciones, y la progresiva digitalización de la economía, asociada al miedo a la pérdida de puestos de trabajo en la industria, así como nuestra concepción de la democracia y el asilo político. Es el deber y la responsabilidad de todos los estratos de la sociedad asegurar la participación de todos sus miembros y auxiliar a quienes recelan de un futuro que les resulta por completo impredecible, tanto a los ciudadanos europeos más desfavorecidos como a los de otras naciones más meridionales cuya población se ha visto forzada a emigrar.

Trazar paralelismos históricos es una labor difícil. Pero es posible, como se ha mostrado aquí a grandes rasgos.

---

38. Bastian Berbner y Amrai Coen, «Trump muss sich erst mal informieren» [Trump debería empezar por informarse], *Zeit Online*, 23 de noviembre de 2016, <http://www.zeit.de/politik/ausland/2016-11/henry-kissinger-interview-donald-trump-demokratie-usa-angst/seite-3> (consultada el 28 de diciembre de 2016).

Conviene recordar que todas las conquistas de la democracia, por la que tanta sangre se derramó en Europa, podrían pasar también a la historia. Esa misma burguesía que en otro tiempo asistió al ascenso de Hitler al poder sin decir ni pío presencia hoy también callada el ascenso de extremistas y demagogos. Aprendamos del ejemplo de Brunhilde Pomsel y pongamos de nuestra parte para que el populismo de la derecha no acabe gobernando en nombre de una mayoría silenciosa, y para que esta última se posicione y aparque definitivamente su mutismo.

El fascismo de los años treinta es el paradigma incontestable de ese fenómeno que Hannah Arendt describió más tarde como «la banalidad del mal». Pero hoy sabemos cómo funciona el mecanismo colectivo del mal y no hay disculpa posible. Conocemos, además, que si las personas participan en ese mal colectivo es porque sus pequeños egoísmos les impiden ver lo que sucede a su alrededor y salir en defensa de los derechos y la dignidad de sus semejantes. Por eso estamos hoy sometidos a una presión muy particular: porque conocemos la historia y sabemos lo que está en juego. Cualquier otra cosa sería mentirnos a nosotros mismos.

La biografía de Brunhilde Pomsel y los paralelismos que hemos ido exponiendo entre sus años al servicio de Joseph Goebbels y nuestros días deberían contribuir a espabilarnos. Ya va siendo hora de que la clase media moderada se una y exija a las élites de la democracia unas reformas que promuevan la justicia, la solidaridad y refuercen la cohesión de nuestras sociedades occidentales. Porque la crisis de los refugiados es solo el síntoma de un orden económico basado exclusivamente en la competencia, ajeno por completo a la solidaridad.

Los demagogos de la derecha se valdrán de cualquier argumento para minar la democracia, y no podemos permitirnos mirar hacia otra parte durante más tiempo. Esa es la responsabilidad que recae sobre las nuevas políticas neoliberales, que han hecho del mercado un ente todopoderoso y han rescindido el viejo contrato social que era el garante de la estabilidad. De ahí el actual impasse en que nos encontramos, que ha puesto en tela de juicio los auténticos valores de la democracia. Si los partidos democráticos que siguen en pie y la clase media que los respalda no empiezan cuanto antes a buscar el modo de renovar ese contrato social, el futuro próximo augura una ola de populismo reaccionario que podría enterrar definitivamente la democracia europea. Es hora de que la clase media y las élites de todos los ámbitos sociales demuestren que las lecciones del pasado no han caído en saco roto.

AGRADECIMIENTOS

En primer lugar, debo agradecerle su testimonio a Brunhilde Pomsel, que nos permitió reordenar su extraordinaria biografía para poner de relieve las amenazas de la política actual. Sus recuerdos, con todas sus contradicciones, deberían servirnos de lección para el presente, un presente en que la libertad y la democracia necesitan nuestro compromiso y nuestra vigilancia.

También debo dar las gracias a los realizadores Christian Krönes, Olaf S. Müller, Roland Schrotthofer y Florian Weigensamer por filmar y editar después las larguísimas entrevistas con Brunhilde Pomsel, así como a Gwendolin Hallhuber y Dorothee Boesser por su generosa cooperación.

Mi más sincero agradecimiento también al editor, Christian Strasser, que me confió este proyecto en agosto de 2016.

Y no quiero olvidarme de mi editora, Ilka Heinemann, con la que me siento especialmente en deuda por su valiosísima ayuda: sin ella no hubiera podido llevar a cabo este apasionante proyecto en tan poco tiempo.

Para la composición de este texto
se han utilizado tipos de la familia Sabon,
a cuerpo 11,5 sobre 14,68. Diseñada por Jan Tschichold
en 1967, esta fuente se caracteriza por su magnífica legibilidad
y sus formas muy clásicas, pues Tschichold se inspiró
para sus diseños en la tipografía creada
por Claude Garamond
en el siglo XVI.

Este libro fue impreso y encuadernado para Lince
en marzo de 2018 en Barcelona.

· ALIOS · VIDI ·
· VENTOS · ALIASQVE ·
· PROCELLAS ·